GWLAD
YR
ADDEWID

Ed Thomas

PARTHIAN

CYM
891.
66?
?
THO

ED THOMAS

Yn 1988, ysgrifennodd Ed ei ddrama gyntaf, *House of America*. Enillodd y ddrama sawl gwobr fel drama a ffilm (1996), yn genedlaethol ac yn rhyngwladol. Mae ei ddramâu eraill yn cynnwys *Flowers of the Dead Red Sea* (1991), *East From the Gantry* (1993), *Song From a Forgotten City* (1995), *Gas Station Angel* (1998) a *Stone City Blue* (2004). Maent wedi teithio'n fydeang gan gynnwys Prydain, Ewrop, Awstralia a De America, i theatrau'n cynnwys The Royal Court, Donmar Warehouse a'r Tramway, Glasgow. Maent wedi eu cyfieithu i dros ddeg o ieithoedd.

Ed yw sefydlydd a chyfarwyddwr artistig Fiction Factory, ac ar hyn o bryd mae'n gweithio ar *Y Gwyll / Hinterland*, cyfres dditectif wedi ei chynhyrchu yn Saesneg a'r Gymraeg i S4C a'r BBC, a'i dosbarthu'n rhyngwladol gan All3Media. Dros y degawd diwethaf, mae Ed wedi ysgrifennu, cyfarwyddo a chynhyrchu dros gant ac ugain awr o ddrama mewn sawl *genre*, gan ddenu dros saith deg o enwebiadau a gwobrwyon yn cynnwys rhai gan BAFTA Cymru a Prix Europa. Mae ei raglenni wedi eu dosbarthu i dros wyth deg o wledydd. Mae'r rhain yn cynnwys *Satellite City, Silent Village, China, A Mind to Kill, Caerdydd, Pen Talar, Y Pris, Cwmgiedd/Columbia* a *Gwaith/ Cartref*. Mae'n byw yng Nghaerdydd.

SHARON MORGAN

Ers iddi gwblhau gradd mewn Hanes o Brifysgol Cymru, Caerdydd yn 1970, ac ymuno â chwrs hyfforddi Cwmni Theatr Cymru ym Mangor, mae Sharon wedi dod yn bresenoldeb cyfarwydd ar lwyfan, teledu, ffilm a radio yn Gymraeg, Saesneg ac weithiau Ffrangeg, yng Nghymru yn bennaf, ond hefyd yn Lloegr o bryd i'w gilydd.

Daeth yn aelod gwreiddiol o bedwar cwmni theatr – Bara Caws, Hwyl a Fflag, Y Cwmni, a Rhosys Cochion, ac mae'n enillydd tair gwobr actores orau BAFTA Cymru.

Mae gwaith Sharon fel awdur ar gyfer y theatr yn cynnwys addasiad o 'Monologue' gan Simone de Beauvoir – *Gobeithion Gorffwyll* (Theatr Y Byd), *All That You Have Is Your Soul* (Theatr y Sherman), *Ede Hud*, *Shinani'n Siarad* – addasiad o'r *Vagina Monologues*, *Holl Liwie'r Enfys* a *Trafaelu ar y Trên Glas* (Rhosys Cochion), *Dreaming Amelia* (Theatr Hijinx), *Gwaun Cwm Garw*, addasiad o *The Laramie Project* (Theatr Bara Caws), *Gwlad yr Addewid*, addasiad o *House of America* (Theatr Genedlaethol), *Myfanwy yn y Moorlands* (Sherman Cymru), a *Priodferch Utah*, addasiad o *Utah Bride* (Theatr 1.618).

Mae ei gwaith ar gyfer y teledu'n cynnwys *Palmant Aur* (Opus S4C), addasiadau o *Cowbois ac Injans* (Rondo S4C), *Caerdydd*, *Y Pris*, *Y Gwyll / Hinterland* (Fiction Factory S4C) ac *Y Syrcas* (Fatti Films S4C). Mae ei gwaith radio yn cynnwys y sebon ddyddiol *Ponty*, *Ede Hud*, *Holl Liwie'r Enfys*, *Trafaelu ar y Trên Glas*, *Alltud Calon* ac *Ar Lan Aberalaw*.

Mae gan Sharon ddau o blant, Steffan a Saran, ac mae'n byw yng Nghaerdydd.

GWLAD
YR
ADDEWID

Wedi ei gyfieithu o'r Saesneg gan Sharon Morgan

Parthian, Aberteifi SA43 1ED
www.parthianbooks.com
Cyhoeddwyd yr argraffiad yma yn 2015
© Ed Thomas
Troswyd o'r Saesneg gan Sharon Morgan 2015
ISBN 978-1-906998-54-7
Cynllun clawr gan www.theundercard.co.uk
Cysodwyd gan Head & Heart Publishing Services
Printiwyd a rhwymwyd gan lightningsource.com
Mae'r cyhoeddwr yn cydnabod cefnogaeth
ariannol Cyngor Llyfrau Cymru

CYNNWYS

RHAGAIR

Perfformiwyd *House of America* am y tro cyntaf yn 1988 yn rhan o dymor o ddramâu roedd Geoff Moore, y dyn difyr hwnnw, yn eu llwyfannu yn St Stephen's (Y Point erbyn hyn), yr hen gapel yn y Bae oedd yn gartre' i'w gwmni arloesol Moving Being. Byddai'r cast i gyd, ac Ed ei hun hefyd, yn ymddangos yng nghynhyrchiad Geoff o *No End of Blame* gan Howard Barker. A hyn i gyd yn gyfan gwbl ddi-dâl. A dyna ddechrau ar siwrne wyllt, gyffrous.

Pum paced o sigaréts ar ford fach ddu a dwy gadair y naill ochr iddi oedd yn cynrychioli tŷ'r Lewisiaid, a'r nosweithiau hwyr meddw yn y Dowlais yn ein cynnal ni wrth i ni geisio ufuddhau i orchymyn Ed i dorri holl gadwynau confensiwn, i 'fod yn rhydd', i 'dorri'r walie lawr'. Deuddeg oedd yn y gynulleidfa ar y noson gynta', a'r dramodydd Siôn Eirian yn eu plith, yr hwn a ddywedodd, wrth Ed, mae'n debyg: 'Galli di dowlu dy bensil nawr.' Yn dilyn taith fer o gwmpas cymoedd de Cymru yn yr hydref, aethon ni i berfformio yng Nghanolfan Gelfyddydol Battersea yn Llundain, cyn dychwelyd i Gaerdydd, a'r gynulleidfa erbyn hyn yn ymestyn mas i'r hewl yng Nghanolfan Celfyddydau Chapter. Ar hyd y daith cafodd y ddrama adolygiadau gwych ac yn 1989 fe berfformion ni yng Ngŵyl Caeredin, ac yn yr un flwyddyn fe enillodd y ddrama wobr Time Out/01 for London.

Ers hynny mae'r ddrama wedi ei chynhyrchu droeon yng Nghymru, ac wedi ei chyfieithu i amryw o ieithoedd. Mae wedi bod yn fraint arbennig ei chyfieithu i'r Gymraeg, yn enwedig oherwydd dimensiwn ychwanegol ein dwyieithrwydd sy'n ychwanegu at y cysyniad o'r freuddwyd goll, yr egni a'r angerdd sy'n cael ei fygu mewn cymdeithas ddryslyd o ran ei hunaniaeth. Mae gan ardal enedigol Ed, Cwmgïedd ac Ystradgynlais, ei thafodiaith unigryw ei hun, tafodiaith bert, nad y'n ni bron byth yn ei chlywed ar lwyfan, sgrin na radio, sy'n gwneud tranc yr iaith yn y pentrefi diwydiannol yma yn fwy ingol fyth. Mae'r themâu yn fyd-eang, fodd bynnag, a fy mhrif nod oedd ceisio creu ieithwedd a rhythmau yn y Gymraeg oedd yn gallu cynnal yr hiwmor a'r farddoniaeth mewn modd uniongyrchol a naturiol; hynny yw, bod mor driw i'r gwreiddiol â phosib.

Wrth ailymweld â'r cyfnod yn fy mhen, es i ar daith yn ôl i'r gorffennol, ac wrth deipio, fe ddaeth aml i wên wrth glywed atseiniau lleisiau Russ, Rich, Tim, Ed, Cath a Wyn yn bownsio o gwmpas yr ystafell ymarfer. Ond er ei lleoli yn yr wythdegau, mae'r neges yr un mor berthnasol heddiw, i ni yng Nghymru, ac ym mhobman yn y byd lle mae angerdd gwirionedd hunaniaeth yn cael ei wyrdroi.

Sharon Morgan

GWLAD YR ADDEWID

*Drama wedi ei gosod yn 1988, Prydain Thatcher,
ar ôl methiant streic y glowyr yn 84–85.*

Perfformiwyd *House of America* am y tro cyntaf ym mis Mai 1988, yn Theatr San Steffan, Caerdydd, fel rhan o'i thymor ysgrifennu radical, gyda'r cast canlynol:

Mam..............................Sharon Morgan
Gwenny.......................Catherine Tregenna
Boyo.............................Tim Lyn
Sid................................Russel Gomer
Labrwr.........................Wyndham Price

Cerddoriaeth..............Wyndham Price
Set a Goleuo................Ian Hill
Cyfarwyddydd..........Edward Thomas

Teithiodd y fersiwn ddiwygiedig o gwmpas de Cymru, i Lundain ac i Ŵyl Caeredin yn 1989, gyda Richard Lynch yn chwarae rhan Boyo.

ACT UN

MAE 'HERE SHE COMES' Y VELVET UNDERGROUND I'W
GLYWED WRTH I GWENNY, SID A BOYO CHWARAE'N
SWNLLYD. MAE'R GERDDORIAETH YN PYLU. DAW
MAM I MEWN.

MAM: Y peth ambothdi stori, chwel, yw bo' raid i chi
ga'l e'n iawn, ne' bydd pobol yn camddiall, a ypseto
heb ishe. 'Naco'n i'n meddwl dim drwg,' meddech chi,
ond mae'n rhy hwyr, ma'r drwg wedi'i neud. A wedyn
'ny, 'da rai storis, ma' shw' gyment yn dicw'dd mae'n
yffach o jobyn gwpod le i ddechre; fel 'sen i'n trial
gweu'tho chi nawr beth ddigwyddodd y nosweth na'th
y gŵr 'y ngatel i. 'A'th Clem i America', 'na'r ffordd
rwydd o weud e, ond ma' mwy iddo fe na 'na. Drifo
lorris ma' Clem, chwel, wel smo fi'n gwpod os otyw e'n
drifo lorris nawr, smo fi 'di gweld e ers blynydde, na
clywed wrtho fe. Wy'n cofio fe'n gweu'tho fi unwaith
bod y steering ar y lorri weti mynd pan o'dd e'n drifo
lan sha'r North 'na'n rwle. 'Yr hewlydd 'na yw e,'
medde fe, 'ma' nhw'n mynd rownd a rownd, rownd
a rownd a rownd. Beth wy moyn yw hewl streit, fel yr
hewlydd yn America, ti jest yn drifo arno a sdim raid ti
ddod off.' Y steering yn 'i ben e o'dd wedi mynd, nace'r
steering ar y lorri. 'Wy moyn bywyd newydd mewn
tŷ ar bwys y môr yn California,' medde fe. Sdim raid
ti fynd i California i ffindo tŷ ar bwys y môr,' medde
fi, 'ma' llefydd i ga'l fan 'yn, yng Nghymru.' 'O's,
wy'n gwpod,' medde fe, 'ond sdim lle i barco'r lorri.'
Mae'n od beth chi'n cofio ambothdi'r dydd ma'r gŵr

yn ych gatel chi. O'n i 'di ca'l diwrnod ar y jawl, o'n i'n neud y golch, ond o'dd cath 'da ni, chwel, o'r enw Brando, syniad Clem o'dd e, o'dd Clem yn meddwl y byd o Marlon Brando, ond beth o'n i'n gweld yn ddoniol o'dd bod Marlon Brando erio'd wedi clywed am Clem. Ta beth 'ny, heb wpod i fi benderfynodd y gath fynd miwn i'r mashîn i ga'l nap fach, wel naco'n i'n gwpod bod e 'na, so gïes i'r drws a switshes i fe mla'n. Sdim ishe fi weu'tho chi beth ddigwyddodd nesa, o'dd y gath ffili oefad. Yn sydyn reit dyma Clem yn dod miwn, o'dd e'n dwli'n lân ar y gath so naco'n i'n gwpod beth i weud, ond o'n i jest yn mynd i weud rwpeth pan wetws e, 'Fi off', ne' rwpeth fel'na, a wetes i, 'Beth ti meddwl, off?' 'Wy'n mynd i America,' medde fe. 'Heno.' A wetes i, 'O.' O'dd e'n dishgwl yn dwp arno'i a medde fe, 'Wel, be' s'da ti weud?' 'Ma' Brando weti marw,' wetes i. 'Wy newydd olchi fe i farwoleth. A'th e miwn i'r mashîn heb wpod i fi, damwen o'dd e.' 'Nest ti fe i sbeito fi,' wetws e, 'nawr fi'n definitely mynd.' 'Ma' fe draw fynna yn y bag Tesco,' wetes i, 'yn wlyb socan.' Shgwlodd e arno'i a droiodd e i fynd, a wetes i, 'Beth ambothdi'r plant?' 'Paid â gatel nhw'n agos at y mashîn,' medde fe, a gïws e'r drws ar ei ôl e. Smo fi 'di gweld e oddar 'ny. So dim ond y plant a fi o'dd ar ôl weti 'ny, wetes i wrthyn nhw le o'dd e 'di mynd a gatawes i fe fel'na. Wetyn gladdes i'r gath ar waelod yr ardd 'da co's lolipop fel croes, nesag at y byji, Bili. Chi'n goffod make do, chwel, y'ch chi?

CRASIO UCHEL, SŴN FFRWYDRO. TAWELWCH.

Ma' nhw'n acor Open Cast, mae'n ddicon i hala ofon ar unrhyw un.

MIWSIG DIONNE WARWICK YN CANU 'DO YOU KNOW

THE WAY TO SAN JOSE' WRTH I MAM ADAEL. MAE BOYO A GWENNY'N RHEDEG I MEWN I ADEILADU TŶ O GARDIAU.

GWENNY: Ti 'di clywed am Joyce Johnson, Boyo?

BOYO: Nagw, dylen i fod wedi?

GWENNY: Dim rili.

BOYO: Pwy yw 'i ten?

GWENNY: Na, jest meddwl.

BOYO: Shw' ma'r cardie'n dod mla'n?

GWENNY: Ddim yn dda iawn, ma' gormod o ddrafft, co, ma' nhw'n shiglo.

BOYO: Wy'n gwpod, ma'r tŷ'n gwynebu'r north, 'na pam ma' drafft.

GWENNY: Sdim ots pam, 'na gyd alla'i weu'tho ti yw bod drafft yn shiglo'r cardie, a ma' nhw'n woblo, a ma'r garden nesa wy'n dodi arno'n hala'r cwbwl lot i gwmpo so fi ffili bildo fe.

MAE GWENNY'N GOSOD CARDEN YN OFALUS. MAE HI'N CRYNU TIPYN AC MAEN NHW'N CWYMPO. MAE BOYO'N CHWERTHIN.

GWENNY: Twel.

BOYO: Nace'r gwynt yw e'r ford yw e, mae'n wonky.

GWENNY: Wi'n gweu'tho ti. Drafft yw e, Boyo. Fi'n gallu twmlo fe.

MAE BOYO'N GWYLIO WRTH IDDI DDECHRAU ETO.

GWENNY: Nagyw e'n mynd i fuddu fi though.

MAE BOYO'N CERDDED O GWMPAS YN EDRYCH AM DDRAFFT YN DDIDARO. MAE'N CODI LLYFR.

BOYO: Ti sy bia'r llyfr 'yn?

GWENNY: Ie, wel na...

BOYO: Beth?

GWENNY: Un Sid yw e, fi 'di ca'l mencyd e.

BOYO: Blydi hel, smo Sid 'di darllen llyfr ers blynydde.

GWENNY: Nag yw, ond mae'n lico 'wnna.

BOYO: Beth yw enw'r bachan hyn... Jack...

GWENNY: Kerouac.

BOYO: Pwy yw e 'te?

GWENNY: Mae'n dod o America.

BOYO: '... The Beat Generation's classic novel of sex, jazz and freedom...' Swno'n olreit i fi. Wy'n gwpod bod Sid yn lico dou o nhw, un smo fe byth yn ca'l, un arall mae'n meddwl sy 'da fe, ond naco'n i'n gwpod bod e'n lico jazz.

GWENNY: Ma' fe yn, a fi yn 'ed, ond sdim arian 'da fe byrnu'r records.

BOYO: Wel wy'n dysgu rwpeth bob dydd.

GWENNY: A'th e i Brecon Jazz blwyddyn dwetha, cofio?

BOYO: Do, i yfed lot a ca'l reid ar gefen beic.

GWENNY: Na, mae'n lico'r miwsic 'ed. Mae'n lico

Charlie Parker. Gei di fencyd e ar yn ôl i, Boyo.

BOYO: Ie, grêt. (MAE'N TAFLU'R LLYFR)

GWENNY: Bydd e nôl cyn hir... Gobitho bydd e di ca'l y jobs 'na i chi.

BOYO: Pwy jobs?

GWENNY: Y rai ar yr Open Cast, wetws e ddim? Ma' nhw'n wilo am bobol i labro. A'th Sid i weld rhyw foi o Iwerddon.

BOYO: Pam na wedodd e 'te?

GWENNY: O'n i meddwl bod e wedi.

BOYO: Ti'n ca'l clywed ei secrets e i gyd, ond y't ti?

MAE GWENNY'N EDRYCH I FFWRDD.

GWENNY: Wetws e bod e'n meddwl bod e'n mynd yn hen cyn ei amser.

BOYO: Yn fai i yw 'wnna, yn gweud bod ei wallt e'n cwmpo mas a'i ddannedd e'n llawn twlle.

MAE'R TŶ CARDIAU'N CWYMPO ETO.

GWENNY: O shit, shgwla, mae 'di dicw'dd 'to.

MAE BOYO'N CHWERTHIN.

GWENNY: 'Na fe. Wy 'di ca'l dicon.

BOYO: Hei, dim jibo.

GWENNY: Wy ddim yn.

MAE GWENNY'N NÔL CADAIR AC MAE'N SEFYLL ARNI I EDRYCH ALLAN TRWY'R FFENEST. MAE

BOYO'N DECHRAU ADEILADU'R CARDIAU.

GWENNY: Beth 'se'n digwydd 'se'r planets i gyd yn slowo lawr, Boyo?

BOYO: Pwy siort o gwestiwn yw hwnna?

GWENNY: O'n nhw'n gweud ar y radio, 'The earth is travelling at eighteen miles a second round the sun'.

BOYO: Sawl taten iwson nhw i neud chips blwyddyn dwetha – fi ffili cysgu'r nos yn becso am 'wnna.

GWENNY: Ond 'se'r planets... fel y ddaear ife, yn penderfynu slowo lawr, wel, bydden ni jest yn cwmpo mewn i'r haul a llosgi, on' bydden ni?

BOYO: Well i fi ddechre croesi'n fysedd ten, ne' hala gweddi fach i Iesu Grist ne' rwpeth.

MAM: Ma' Iesu Grist yn fachan bishi.

BOYO: Y?

MAE MAM YN YMDDANGOS YNG NGHEFN Y LLWYFAN.

MAM: Ma' Iesu Grist yn fachan bishi, wetes i, nacyw e wastod yn ateb pan chi'n ffono ond mae'n napod fi. Wy'n gweud, 'Helô Iesu, Mrs Lewis sy 'ma, o Gwmgïedd, a os wy'n lwcus, ar ddiwrnod da, ma' fe'n ateb. Ti sy moyn e, Boyo?

BOYO: Na, o'dd Gwenny a fi'n siarad, 'na gyd.

MAM: Atebodd e fi pwy nosweth pan o'n i'n gofyn am faddeuant. O'n i ddim ar 'y ngore, cofiwch, ond chi'n gwpod beth wetws e, wetws e, 'Mae mor fishi lawr 'na wy jest â drysu, a os bariff e fel 'yn wy mynd i ddoti 'mhen i yn y tywod', meddylwch shw' beth, Iesu Grist ei 'unan.

BOYO: Wel os taw fel'na ma' Iesu Grist yn timlo, pam y'n ni'n becso, ife Gwen?

GWENNY: O, ie... ie...

MAM: A chwel, 'da'r 'oll bethe 'na ar ei feddwl e, wel, galle fe droi at y botel, a nacy'n ni moyn meddwyn yn carco'r byd, otyn ni?

BOYO: Pam o'ch chi'n gofyn am faddeuant 'te, Mam?

MAM: Ma' hwnna rynto fe, a fi, a'r ding-ding di-ri. Ti'n neud trics, Boyo?

MAE HI'N TARO'R CARDIAU DROSODD.

BOYO: Oi, pam nethoch chi hwnna nawr? O'dd 'wnna'n dod mla'n yn dda.

MAM: Wy moyn siarad 'da chi.

GWENNY: Ambothdi beth?

MAM: Ma' nhw wedi peinto'n rŵm i'n las.

BOYO: So?

MAM: Ma' fe'r lliw rong.

GWENNY: Ma' fe wastod wedi bod yn las, Mam.

MAM: Sneb wedi peinto fe heb wpod i fi ten.

BOYO: Nago's, beth y'ch chi'n meddwl?

MAM: Pych â werthin. Bydden i ddim weti gofyn 'sen i ddim yn meddwl e.

GWENNY: Chi beintodd e shw' fod.

MAM: Ma' fe'r lliw rong, wetes i. Coch yw'n liw i.

MAM: Ma' fe pallu dod off, 'se fe'n goch bydde neb yn sylwi ar y baw. Bai'r Open Cast yw e, o'dd popeth yn olreit cyn i'r Open Cast ddod, 'wnna yw'r peth gwitha. Os chi'n mynd i'r siop, dewch â paent coch, mae'n goffod bod yn goch. Damo'r Open Cast 'ma.

BOYO: Ma' fe 'ma nawr, so 'na fe.

GWENNY: A ma' ishe gwaith ar y bois.

MAM: Chi fel plant, y ddou o chi.

BOYO: Smo fi'n mynd i goethan, o ma'r bastad peth wedi cwmpo 'to.

GWENNY: Wy ddim yn gwpod pam ti'n boddran, Boyo, 'nei di byth o fe.

MAM: Bydd popeth yn newid.

CYFLWYNO 'SOUL MAN' SAM AND DAVE YN ARAF WRTH I SID DDOD I MEWN YN EGNÏOL.

MAM: Tro'r hen sŵn 'na lawr, wy'n trial siarad.

DIM YMATEB. YN Y DIWEDD MAE'N MYND AT Y CHWARAEWR CD A DIFFODD Y GERDDORIAETH.

SID: Hei, o'n i'n enjoio hwnna.

MAM: Beth yw d'oedran di?

SID: Beth?

MAM: Ti'n dri deg jest â bod, a wy'n trial siarad.

SID: Hei come on Mam, dim nawr, dim nawr, ma' rwbeth 'da fi i weud.

MAM: Beth?

SID: Rwbeth... Pwysig... Pwysig... Pwysig.

GWENNY: Beth, Sid, beth?

SID: Boyo, y't ti a fi fory, yn dy gar bach tairco's yn mynd lan sha Hirwaun, i ga'l bobo jobyn labro, a ma'r arian, frawd, yn felys.

BOYO: Hei, ma' 'na'n grêt, Sid.

GWENNY: Grêt.

BOYO: Erbyn pryd ni'n goffod bod 'na?

SID: Peth cynta'n y bore.

GWENNY: Pryd ma' hwnna?

SID: Wy'm yn gwpod, naw o'r gloch falle?

BOYO: Well i fi seto'r cloc.

SID: Pum mlynedd, llanw'r twll, co'd a gwair drosto fe, fel 'se fe 'rio'd wedi bod. A wetyn, ta ta, y'n ni'n hedfan, yn gro's i'r môr.

GWENNY: Gallwn ni fynd i America ar hwnna.

SID: Gallwn. Reit, pwy sy'n dod am beint, i selebreto? Ti'n dod, Gwenny?

BOYO: Bydd bobo jobyn 'da ni nawr.

MAM: Menywod o'dd ei wendid e, 'na gyd, naco'dd e'n smoco, naco'dd e'n yfed lot, a o'dd e ffili help ei olwg e.

O'dd pawb yn meddwl bod e'n fachan smart, o'dd e byth yn colli'i dymer, menywod o'dd ei wendid e, 'na gyd.

SID: Blydi hel, beth ma'i'n wilia nawr?

MAM: Am ych tad, be' chi'n meddwl?

BOYO: Beth s'da fe i neud â unrhyw beth?

SID: Dewch ma'n, ewn ni, mae jest yn ca'l rant.

MAM: O'dd e'n dishgwl fel film star, fel Errol Flynn, o'n i'n lwcus, wy 'di gweud wrth Mr Eira.

GWENNY: Mr Eira?

SID: Pwy yw e?

MAM: Smo fi 'di gweu'tho chi?

BOYO: Na, chi...

MAM: Floozy o'dd 'i... retodd e bant 'da floozy, o'n i'n rhy fishi, wetws e, yn carco chi'ch tri, wetws e bod byth amser iddo fe. A wetyn dyma'r floozy'n dod a gafel yndo fe tu ôl i'n gefen i. O'dd e'n lico breuddwydo, lico pethe shinog.

GWENNY: Mae'n olreit, Mam.

MAM: Nag yw. Bydd yr Open Cast yn dod â popeth i'r golwg. Pych â dino ci sy'n cysgu, o'dd e sbel fowr yn ôl, hanes yw hanes.

BOYO: Beth y'ch chi'n trial gweud, Mam?

MAM: Ond wy 'di gweu'tho chi'n barod, ond wdw'i? Ma fe yn America, chi'n gwpod bod e yn America, ond y'ch chi?

GWENNY: Otyn.

BOYO: Le arall alle fe fod 'te, Mam?

MAM: Unman... 'na le a'th e, gatawodd e ni lawr, nace'n fai i o'dd e, galle fe ddicw'dd i unrhyw un, ond cofiwch chi, fan 'yn ma' fe fod... ond o'dd e ddim yn gweld, hwn o'dd 'i gytre fe ond naco'dd e'n gwpod, a deiff e nôl ryw ddiwrnod.

GWENNY: Chi meddwl 'ny?

MAM: Yn bendant, fydd e ddim yn America am byth. O'dd e'n meddwl y byd o John Wayne, so a'th e bant i ware cowbois 'da'i floozy.

SID: Reidodd e bant ar ei geffyl 'da'i fenyw, twel Boyo, reidodd e miwn i'r machlud a a'th e i fyw yn y Ponderosa.

MAE SID YN CHWERTHIN.

BOYO: Cia dy ben, Sid, paid â weindo'i lan.

MAM: O'dd perthnase da'i mas 'na. Y'ch chi'n siarad tu ôl i'n gefen i?

SID: Na, na, jest gweud wrth Boyo, 'itha reit, wetes i.

GWENNY: Dewch ma'n, Mam, dewch i orwedd lawr, byddwch chi'n timlo'n well wedyn.

MAM: Chi ddim yn mynd i witho ar yr Open Cast, y'ch chi?

SID: Otyn... Ni'n mynd i weld nhw fory.

MAM: Chi ffili, chi'n clywed fi, chi ffili, bydd e ar ben arnon ni.

SID: Gwaith yw e, Mam. Gwaith yw gwaith.

MAM: Gryndwch arnoch chi, chi fel cryts bach.

SID: Hei, wy'n dri deg jest â bod.

BOYO: Tynnu'ch co's chi ma' fe, Mam, ma'r jobs i gyd wedi mynd. Cerwch 'da Gwenny i ga'l lie down fach.

MAM: Wy ddim yn trysto chi fechgyn, chi pallu gryndo.

GWENNY: Dewch mla'n, Mam.

MAE GWENNY'N ARWAIN MAM I FFWRDD.

MAM: Wotshwch chi.

MAE MAM A GWENNY'N GADAEL.

SID: Mae'n mynd yn wa'th.

BOYO: Ei nyrfs 'i yw e, 'na gyd.

SID: Os nacyw 'i'n garcus deiff y dynon miwn cote gwyn.

BOYO: Smo ddi mor wael â 'ny, bydd raid i ni gatw llycad arni ddi, 'na gyd.

SID: Pam o'dd 'i'n siarad ambothdi'r hen foi?

BOYO: Wy ddim yn gwpod.

SID: Falle bod hi 'di clywed wrtho fe.

BOYO: Shwt?

SID: Nacwy'n gwpod, falle bod e 'di hala llythyr ne' rwbeth.

BOYO: Pam nawr, nacyw e 'di neud e o'r bla'n.

SID: Ti byth yn gwpod.

BOYO: Smo fi 'di gweld llythyr.

SID: Hei, falle bod e 'di sgwennu i ofyn a licen ni fynd i weld e.

BOYO: Bollocks iddo fe, elen i ddim.

SID: Ti off dy ben, byn, gwlad yr addewid, ca'l jobyn fynna, setlo lawr.

BOYO: Smo ni'n gwpod le ma' fe'n byw.

SID: Ffycin 'el, trip i America, byn, bydde hwnna'n olreit.

BOYO: I ti falle ond dim i fi.

SID: Paid bod mor ddiflas, jest meddwl, 'na gyd.

BOYO: Le ma' fe 'di bod y ffycin deg mlynedd dwetha, 'na beth fi moyn gwpod. Smo fe'n becso'r dam ambothdi ni, odyw e, ne' bydde fe 'di sgrifennu'n gynt. Sdim ots 'da fi os farwith e fory. Wy byth moyn gweld y bastad 'to, stwffo fe a stwffo America.

SID: Paid â bod mor galed arno fe, ma' pethe'n newid, ti'n goffod symud mla'n. Rho jans iddo fe, byn, mae'n dad i ni.

BOYO: Pwy jans roiodd e i ni, Sid?

SID: O'dd hwnna blynydde nôl, ni 'di tyfu lan nawr, a o'dd bownd o fod rheswm 'da fe.

GOLAU'N GOSTWNG AR BOYO A SID. AR RAN ARALL O'R LLWYFAN MAE'R GOLAU'N CODI AR MAM A GWENNY.

MAM: Y't ti'n gwpod pwy y't ti?

GWENNY: Otw, Mam, Gwenny.

MAM: Y't ti'n gwpod pwy wdw' i?

GWENNY: Chi yw'n fam i.

MAM: A beth yw mam, Gwenny?

GWENNY: Chi.

MAM: Y't ti'n siwr? Otw'i weti neud jobyn da, otw'i 'di coti chi fel dylen i?

GWENNY: Wrth gwrs bo' chi.

MAM: Smo pethe'n reit, ife fi yw e?

GWENNY: Nage, Mam.

MAM: Ti'n gwpod beth yw cytre?

GWENNY: Otw.

MAM: Beth yw e?

GWENNY: Le ni'n byw, Mam, ni i gyd.

MAM: Le ma' fe?

GWENNY: Fan 'yn, le chi'n meddwl?

MAM: Wy 'di neud 'y ngore, ti'n gwpod bo' fi 'di neud 'y ngore, ond y't ti? Nes i bopeth nes i i helpu chi'ch tri.

GWENNY: Mam, wy'n...

MAM: Dim mwy, 'na gyd, gad fi fod nawr, wy'n olreit.

GWENNY: Mam... galla'i...

MAM: Gad fi fod, wy moyn amser i feddwl.

AIFF MAM ALLAN. MAE GWENNY'N AILYMUNO Â SID Â BOYO.

SID: Otyw 'i'n olreit nawr?

GWENNY: Ma'i nerfe ddi'n rili wael.

BOYO: Ware ambothdi da'i phen.

SID: Gryndwch ar Doctor Cwac fan 'yn.

BOYO: Galle fe ddicw'dd.

GWENNY: O'n i meddwl bydde 'i'n falch bo' chi'n ca'l gwaith.

SID: Ma'i'n ramblo, bydd 'i'n olreit yn y funed – ta beth, pwy sy'n dod am ddrinc?

BOYO: Bach yn lletwith nawr, ondyw e, bydd raid i rywun garco ddi.

GWENNY: Pych â dishgwl arno fi, fi sy wastod yn carco ddi.

SID: Wy jest â tagu.

BOYO: Ni ffili gadel 'i wrth 'i 'unan, byn.

GWENNY: Ma' fe'n reit, Sid, bydd raid i ni i gyd aros gytre.

SID: Typical, ffycin typical.

BOYO: Ma'i ffili 'elp bod i'n dost.

SID: Acto mae ddi, wy'n gweu'tho chi, unrhyw esgus i gadw ni gytre, blydi 'el, nace plant y'n ni.

GWENNY: Ni ffili gatel 'i ta p'un 'ny.

SID: Ma'i wastod yn dodi dampyr ar bethe, strwa'n plans ni.

BOYO: Paid â bod yn fastad, Sid.

SID: Ni fod yn selebreto, pryd glywest ti am jobs ddwetha?

BOYO: Nace 'na'r point.

SID: Jest gweud, 'na gyd.

GWENNY: Sdim point ffrio, pam na ewn ni i'r offy i ôl cwpwl o gans, a wetyn gallwn ni ga'l parti bach, a carco ddi'r un pryd.

SID: Give that woman an 'O' level, Gwenny, fi'n lyfo ti. Cinoge ar y ford.

MAE BOYO'N CHWERTHIN.

BOYO: Ti'n fastad, Sid, on' y't ti?

SID: De' ma'n, Boyo, arian ar y ford.

GWENNY: Pwy sy'n myn' lawr ten?

SID: Af fi, a rhywun i helpu.

GWENNY: Af fi, wy'n ffansïo wac.

BOYO: Hei, pyrnwch Jaffa Cakes 'ed. Bydde cwpwl o Jaffa Cakes yn neis.

SID: Newn ni'n gore, wys.

MAE SID A GWENNY YN GADAEL. MAE BOYO YN CYNNAU SIGARÉT AC YN MYND I SEFYLL WRTH Y FFENEST. MAE MAM YN YMDDANGOS YN Y CYSGODION AC YN EI WYLIO.

MAM: O's rwpeth sbesial mas 'na, Boyo?

BOYO: O, glywes i ddim o chi... o's... dewch i ga'l pip.

MAM: Be' sy mas 'na?

BOYO: Ma' dafad mas 'na'n clymercan, shgwlwch.

MAM: Le?

BOYO: Lawr fynna, shgwlwch, bwys y ffens, mae'n hopan bothdi'r lle.

MAM: Mae 'di colli'i ffordd, ond yw i?

BOYO: Mae'n galed catw lan 'da tair co's, ond yw e? Haliff y ffarmwr 'i i ga'l ei lladd, on' neiff e?

MAM: Dim os otyw 'i'n wyna, arosiff e sbo'r o'n yn dod, a laddiff e ddi wetyn.

BOYO: Yffach o fywyd caled, bod yn ddafad. (MAE'N CHWERTHIN)

SAIB.

MAE MAM YN EI ASTUDIO.

MAM: Ti'n caru fi, Boyo?

BOYO: Y?

MAM: Glywest ti beth wetes i.

BOYO: Pam chi'n gofyn hwnna i fi?

MAM: Wy moyn gwpod.

BOYO: Odw...

MAM: Wy moyn clywed ti'n gweud e.

BOYO: O, dewch ma'n, byn, gadwch fi fod.

MAM: Wy moyn clywed ti'n gweud e.

BOYO: Fi'n caru chi, olreit? Chi yw'n fam i.

MAM: Ti ddim yn mynd i anghofio fi, y't ti?

BOYO: Nagw, beth y'ch chi'n meddwl?

MAM: Bydden i ddim wedi gofyn 'sen i'n gwpod.

BOYO: Wel chi'n gwpod nawr, reit?

MAM: So chi ddim yn mynd i hala fi bant?

BOYO: Pam nelen ni 'na?

MAM: Achos sbo'n ben i'n reit, ma'n nerfe i'n wael, smo fi'n fi'n 'unan.

BOYO: Fi'n gwpod 'na, ond byddwch chi'n gwella, hwn yw'ch cytre chi, Mam, fan 'yn y'ch chi i fod.

MAM: Byddet ti'n caru fi 'set ti'n gwpod bo' fi weti neud rwpeth gwael, rwpeth drwg?

BOYO: Bydden, wrth gwrs.

MAM: Ta beth o'dd e?

BOYO: Bydden i'n gwpod bod ryw reswm 'da chi.

MAM: Gw' boi.

BOYO: Pam o'ch chi'n gofyn?

MAM: O'n i'n moyn bod yn siwr.

SAIB.

MAM: Grynda, wy moyn i ti bromisio rwpeth i fi.

BOYO: Beth?

MAM: Ti a dy frawd. Smo fi moyn i chi witho ar yr Open Cast.

BOYO: O, dewch ma'n. Ma' fe'n waith, Mam, deiff e ddim yn agos at y tŷ, dim ond ar ben y mynydd ma' nhw'n gwitho, nacy'n nhw moyn y tŷ 'fyd. 'Na beth sy'n becso chi?

MAM: Dim ond y tŷ sy ga'l 'da ni, wetest ti 'na jest nawr, glywes i ti.

BOYO: Glo ma' nhw moyn, nace tai.

MAM: Dy hanes di, ma' part o dy hanes di lan ar y mynydd 'na.

BOYO: Wy'n gwpod...

MAM: Pan ddechreuan nhw balu, 'na fe – bydd hi'n uffern ar y ddaear 'ma. Ma'r tŷ 'ma'n llawn celw'dd, ond mae 'di catw ni 'da'n gilydd sboso.

BOYO: Pwy gelw'dd?

MAM: Ma' fe 'di catw ni 'da'n gilydd a 'na'r peth pwysica, wetest ti 'na wrtho'i d'unan, a nawr ma' nhw'n mynd i acor y mynydd a ma'r mynydd llawn celw'dd a bydd y tŷ'n dechre shiglo, a wy'n gweu'tho ti, Boyo, bydd raid ti fod yn gryf, bydd raid ti gofio pwy y't ti a le y't ti, a tra bod hwnna 'da ti byddi di'n olreit ond ma' raid i chi stico 'da'ch gilydd, ti'n clywed?

BOYO: Pam y'ch chi'n gweu'tho fi?

MAM: Achos bo' fi 'di bo'n wotsho ti, a Gwenny a Sid. Wy'n gwpod bo' nhw moyn mynd i America ar ei ôl e, ond sdim byd 'na, a ma' Gwenny 'di bo'n sgrifennu ato fe.

BOYO: Shwt y'ch chi'n gwpod?

MAM: Ma' llyced 'da fi, wy'n gallu gweld, ti ar yn ochor

i, glywes i ti'n galw dy dad yn fastad, wetest ti fe heno. Ma' clustie 'da fi, ti'n gwpod.

BOYO: O's, yn sownd yn ych pen chi.

MAM: (YN CYDIO YNDDO) Paid â werthin ar ben dy fam.

BOYO: Nacwy'n werthin, gadwch fi fynd.

MAE MAM YN EI RYDDHAU.

BOYO: Beth s'da'n dad i neud â fe?

MAM: Popeth. Smo fe yn America, smo fe 'rio'd 'di bod yn America, 'na gyd na'th e o'dd breuddwydo am America.

BOYO: Ma' pawb yn gwpod bod e yn America.

MAM: Celw'dd, dim byd ond celw'dd. O'dd e'r unig ffordd i gatw ni 'da'n gilydd.

BOYO: Le ddiawl ma' fe ten?

TAWELWCH.

BOYO: Mam? Atebwch fi.

MAM: Dim ond jocan o'n i. Bydd raid ti fod yn gryf, a wetest ti byddet ti'n caru fi am byth a wy'n cretu ti.

BOYO: Le ma' fe, Mam?

MAE MAM YN EI GUSANU.

MAM: Paid â gweud wrth dy frawd a dy wa'r, dim 'to, ond bydd yr amser yn dod, a bydd raid i ti fod yn gryf.

BOYO: Gwetwch wrtho'i le ma' fe.

MAM: Wetest ti bod ti ddim yn gwpod pwy o'dd Mr Eira, wel gaf fi weu'tho ti. Ma' rai bobol yn galw fe'n interference. Ar y teledu, tymo? Ond wy'n galw fe'n Mr Eira.

MAE MAM YN CERDDED I FFWRDD.

BOYO: O Iesu Grist...

MAE'R GOLAU'N NEWID. MAE BOYO, SID A GWENNY'N YFED, MAE'N BARTI. CLYWIR THE DOORS 'LOVE HER MADLY' YN Y CEFNDIR.

BOYO: Fi'n gweu'tho ti, Sid, o'dd John Cale ddim yn ware 'da'r Doors, o'dd e yn y Velvet Underground, gof'na i Gwenny...

GWENNY: Ma' Boyo'n iawn, Sid, Velvet Underground.

SID: O, sdim ots ta beth 'ny, ma' Lou Reed yn well na John Cale. 'I said, hey babe, take a walk on the wild side.'

GWENNY: Fi'n danso wrth yn 'unan, pwy sy moyn danso?

BOYO: Fi ffili danso, ne' hic... bydda'i'n cwmpo.

CHWERTHIN.

BOYO: Hei, y peth arall am John Cale yw, ma' fe'n dod o Gymru.

SID: Nag yw, ma' fe'n dod o America, band o New York y'n nhw.

BOYO: Fi'n gweu'tho ti, ma' fe'n dod o Ponty ne' rwle.

SID: Bullshit, Boyo, ti'n siarad crap.

BOYO: Gof'na i Cat tro nesa ti'n gweld e.

SID: Beth ma' fe'n gwpod?

BOYO: Ma' fe di ffycin tiwno'r piano i Lindisfarne, tro dwetha o'n nhw yn y Rank yn Abertawe.

SID: Ie, ond shgwla beth ddigwyddodd iddyn nhw weti 'ny, gethon nhw ddim un hit ar ôl 'ny.

BOYO: Nace 'na'r point, Sid.

SID: Cat, beth ma' fe'n gwpod, yr unig fachan trwm ei glyw sy'n tiwno pianos. A sdim ots 'da fi os o'dd Cale yn dod o ffycin Ystrad, ma' fe'n byw yn New York nawr, a beta'i ti bydd e'n aros 'na 'ed, hy, galli di weld Lou Reed yn cered rownd Ystrad – olreit Lou, how's it going, wys, on the Wild Side – dim dicon cool iddo fe, no way, 'rio'd 'di clywed am Gymru, cred ti fi.

BOYO: Smo fe'n gwpod dim byd, 'na pam.

GWENNY: Dewch ma'n, dewch i ddanso.

MAE BOYO'N CODI A CHWYMPO. MAE PAWB YN CHWERTHIN.

BOYO: Blydi hel, ma'n goese i 'di mynd, beth byrnoch chi? Rocket fuel ne' beth?

MAE SID YN CODI AC YN YMDRECHU I DDAWNSIO GYDA GWENNY. MAE BOYO'N MEIMIO PYPED GERRY ANDERSON GAN DYNNU DRYLL DYCHMYGOL SIGLEDIG IAWN.

BOYO: Butteeeeeeeaaaaaaaaaawwwwww.

SID: Quick, Gwenny, duck, the Mysterons are here.

BOYO: (YN CANU) Captain Scarlet, indestructible.

MAE SID YN SAETHU'N ÔL AT BOYO YR UN MOR

SIGLEDIG.

BOYO: Ah... Gath e fi...

(MAE'N CWYMPO)

Oi, Sid...Thunderbird one, wys, in trouble.

SID: What you think then, Lady Penelope?

GWENNY: Drive me to the sun, Parker.

SID: Yes, milady.

MAE SID YN CODI GWENNY AC YN RHEDEG O GWMPAS Y STAFELL. MAE'R GERDDORIAETH YN PYLU AC MAE MAM YN SEFYLL YN Y CYSGODION.

GWENNY: O shgwlwch, Mam. Put me down, Parker.

SID: Yes milady.

GWENNY: Chi'n twmlo'n well?

SID: Ni'n ca'l parti fan 'yn, y'ch chi'n mynd ne'n dod, Mam?

MAM: Faint o'r gloch yw 'i?

BOYO: Ddim yn hwyr, Mam, chi'n well?

SID: Ma'i'n mynd i aros i ga'l drinc.

MAM: Chi 'di bo'n ware, chi'ch tri?

GWENNY: Dewch i ishte fan 'yn bwys fi.

MAM: Des i weld ambothdi'r tân.

SID: Pych â becso am y tân, ma' dicon o dân 'ma, mae'n dwym.

MAM: Ffili gatel iddo fe fynd mas, ma' ishe co'd tân, bydd raid i ni gatw fe miwn. Af fi i ôl co'd tân.

BOYO: Dim nawr, Mam, ffili mynd mas nawr, a ma' dicon o... hic... go'd.

SID: Shgwlwch, ma'r tân yn hapus.

GWENNY: Dewch i ishte fan 'yn, Mam.

SID: Ie, ni'n selebreto. Ni'n mynd am y jobs 'na fory, dewch i ga'l drinc.

MAE GWENNY'N ARLLWYS DIOD I MAM.

MAM: O's ffilm arno ne' beth?

SID: Ffilm?

GWENNY: Ni 'di bo'n danso, ond chi moyn gweld ffilm.

BOYO: Ie, cer ma'n, Sid, cer i ddoti ffilm arno.

SID: Ie, fi'n knackered anyway.

GWENNY: Lwcus bod fideo 'da ni.

MAM: O'n i ddim yn gwpod bod fideo 'da ni, le gethon ni fe?

BOYO: Chi ddim moyn gwpod.

SID: 'Run lle â'r ford smwddo, y camera, jacet Gwenny...

GWENNY: Ni ddim moyn list, Sid.

SID: 'Na le gethon ni nhw.

GWENNY: Pwy siort o ffilm chi moyn, Mam?

MAM: O's miwsical 'da chi?

BOYO: Nago's, Mam, dim miwsicals.

SID: Mae'n olreit, dim problemo... fi 'di ca'l un.

BOYO: Be' sy 'da ti?

SID: Gei di weld nawr.

GWENNY: Fi'n gwpod, 'Y Godfather'.

SID: Shwd o't ti'n gwpod?

MAM: Pwy yw'r Godfather?

SID: Marlon Brando, Mam.

MAM: O... Marlon Brando, o'dd ych Tad yn lico fe.

BOYO: Ffilm ambothdi'r Maffia.

MAM: Y Maffia?

SID: Ie, chi'n gwpod, pobol o Merthyr sy'n gwerthu ice-cream.

CHWERTHIN.

MAM: Pam chi'n werthin?

GWENNY: Dim byd, Mam, dim byd.

SID: Mae'n ffilm dda, co fe'n dod nawr, shgwlwch.

GWENNY: Bydd raid ti riweindo fe, Sid, shgwl, ma' fe yn y cenol.

MAM: Smo reina'n dod o Merthyr.

SID: O'n i'n jocan.

GWENNY: Gangsters o Italy y'n nhw... yn America.

MAM: Beth ma' nhw'n neud yn America?

BOYO: Paid â weindo'i lan, Sid.

GWENNY: Co fe, shgwlwch.

MAM: O, Marlon Brando, ma' fe 'di doti pwyse mla'n.

BOYO: Ma' fe ffili acto, byn, ma' fe'n mymblan.

MAM: O'n ni'n arfer wotsho fe pan o'dd e'n ifanc.

SID: Smo fe'n mymblan, Boyo, ma' steil 'da fe.

BOYO: Beth wetodd e nawr?

GWENNY: Rwpeth ambothdi Palermo.

MAM: Le ma' Palermo?

BOYO: Mymbl, mymbl, mymbl.

SID: Chi'n gallu cofio peth o'i ffilms e, Mam?

MAM: Nagw, ond wotshon ni nhw, dere weld nawr.

GWENNY: The Wild Ones?

SID: O'dd Brando ddim yn hwnna.

MAM: Ych a fi, pam ma' nhw 'di doti pen ceffyl yng ngwely'r dyn 'na?

SID: Ei geffyl raso fe o'dd e.

MAE BOYO'N NÔL MWY O DDIOD IDDO'I HUNAN.

GWENNY: Ma' raid chi wpod y stori, dyle Sid weindo fe nôl i'r dechre.

SID: Olreit, sefwch funed, weinda'i fe nôl i'r dechre.

MAM: Ife 'On the River' o'dd enw'r ffilm?

SID: 'On the Waterfront' o'dd e, ffilm ffantastic.

BOYO: 'On the Mumbles' dyle fe fod.

GWENNY: Pych â gryndo arno fe, ma' fe'n bod yn sili.

MAM: Ma' pawb yn y ffilm 'yn yn mynd sha nôl.

BOYO: Sdim ryfedd, ma' Marlon Brando yndo fe.

SID: Co ni, shgwlwch, nôl i'r dechre.

BOYO: Achos chi ffili ca'l 'On the Waterfront' heb y Mwmbwls, y'ch chi?

MAE BOYO'N CHWERTHIN YN UCHEL, AC MAE BRON Â CHWYMPO DROSODD.

GWENNY: Be' sy'n bod arnot ti, Boyo, cia dy ben a wotsha'r ffilm.

SID: Ffili dala'i gwrw, 'na beth sy'n bod.

MAM: Ma' nhw'n saethu rywun nawr.

BOYO: Pwy sy moyn bod yn ffilm star ta p'un 'ny?

GWENNY: Ma' fe'n jelys, 'na gyd.

BOYO: Ca'l ych talu am fod yn rywun arall, celw'dd, dim byd ond celw'dd.

SID: Cia dy ben, byn, a wotsha'r ffilm.

BOYO: Mae'n ffilm Mickey Mouse ta p'un 'ny.

SID: O's cwrw ar ôl yn hwnna, Gwenny?

MAM: Ma' lot o ladd yn mynd mla'n, miwsical o'n i moyn.

MAE BOYO'N DECHRAU DYNWARED BRANDO.

MAM: Beth ma' Boyo'n neud?

GWENNY: Impressions gwael o ffilm stars.

SID: Enw hwnna yw trial bod yn sobor pan chi'n pissed.

BOYO: Beth wetes i 'de?

SID: O'n i ddim yn gryndo.

BOYO: O't ti ffili diall fi, twel, o't ti?

GWENNY: O't ti ddim yn neud e'n iawn.

BOYO: Profi'n boint i, ma' fe'n mymblo.

MAM: Beth wetest ti, Boyo?

BOYO: Wetes i, 'I could have been a contender, I could have been somebody.'

MAM: Beth wetws e?

SID: Ma' fe'n gweud e'n rong, wotshwch y ffilm a stopiff e.

MAM: Ddim yn siort i o ffilm.

SID: O Iesu Grist.

GWENNY: Ssssh. Sid.

BOYO: Wetes i, 'I could have been somebody', chi'n clywed fi? Gallen i fod yn focsyr, ne'n ffarmwr, ne'n goliar, ne' wy ddim yn gwpod, rwbeth reit, rwbeth werth 'i ga'l, nace celw'dd, celw'dd, actorion, ffilms ffycin lan yn y cymyle tymyle...

MAE'N BAGLU A CHWYMPO. MAE SID YN DIFFODD Y FFILM.

GWENNY: O'n i'n wotsho hwnna.

SID: Anghofia fe.

MAM: Ddim yn siort i o beth.

SID: Ma' rwbeth yn bod ar ben Boyo.

MAE SID YN CERDDED DRAW AT BOYO SY'N GOR-
WEDD YN FFLAT AR Y LLAWR.

SID: Pam nest ti 'wnna'r bastad?

MAM: Pych â regi.

MAE SID YN CICIO BOYO TRA'I FOD AR Y LLAWR. MAE
BOYO'N EI GICIO'N ÔL.

GWENNY: Come on, chi'ch dou, stopwch 'i. Chi fel
plant w.

BOYO: Gicodd e fi.

MAE SID YN CERDDED I FFWRDD AC YN YFED O
BOTEL.

MAM: Smo fi moyn wmladd yn y tŷ 'yn, ma' raid i chi
stico 'da'ch gilydd.

SID: Ffili dala'i gwrw, mae'n alci chwel.

BOYO: Pwy y't ti ten? Rambo? One hundred and eighty
pints a night.

GWENNY: Stopwch 'i'r ddou o chi, chi fel plant.

MAM: Amser i bawb fynd i'r gwely.

BOYO: Ie... gwely.

SID: Ti'n gwpod beth yw dy broblem di, Boyo, smo ti'n gwpod shwt i swingo, ti'n styc miwn groove, wys.

BOYO: O lia wy ddim yn colli'n wallt na'n mynd yn hen cyn yn amser.

MAE SID YN TAFLU CAN AT BOYO.

BOYO: Missed.

SID: Beth am ga'l gweld beth ddigwyddiff fory, 'na gyd weda' i. Os galli di ddechre'r blydi car 'na s'da ti.

BOYO: Dechreuiff e fel 'deryn.

SID: Beta'i ti bydd raid i ni ddala bỳs.

BOYO: Wy 'di ca'l digon o'r crap 'yn.

MAM: Gwely, gwely, hen blant bach.

BOYO: Pych â becso, fi'n mynd.

SID: Nos da, frawd.

BOYO: Nos da.

MAE BOYO'N CHWERTHIN A MYND.

MAM: Dylech chi ddim ffrio.

SID: Pam byrnodd e three-wheeler? Tri cwarter car sy 'da fe, typical o Boyo, smo fe 'na i gyd.

GWENNY: Dere ma'n, Sid, helpa fi glyro lan.

SID: Shwd y't ti mor sobor, Gwen?

GWENNY: Smo fi'n yfed gyment â chi. Dylech chi ddim weindo'ch gilydd lan.

SID: Fe yw e.

MAM: Dylech chi stico 'da'ch gilydd.

SID: Meddylwch am fynd 'On the Road' yn y car 'na s'da Boyo – gelech chi waith cyrra'dd Abertawe!

MAM: Pam y'ch chi'n mynd i drafulu, le y'ch chi'n mynd?

GWENNY: Os gewn nhw'r jobs 'ma fory, Mam, gallwn ni i gyd fynd i drafulu – ar yn holidays i rwle.

MAM: Bydde hwnna'n neis.

SID: Ie, hedfan i America, heiro car, a drifo'n gro's y wlad, yn tsiaso'r haul.

MAM: America?

MAE GWENNY'N GWNEUD LLYGAID AR SID.

SID: Fi 'di bo'n darllen y llyfyr 'yn, chwel, Mam, ambothdi'r bois 'ma sy'n drifo'n gro's i America, ma' nhw'n hitsho a ma' nhw mas o'u penne'n wilo am freuddwyd... Jack Kerouac yw ei enw fe.

MAM: O...?

GWENNY: Dere ma'n, Sid, helpa fi glyro lan.

SID: Gallen ni neud 'na, Mam, gallen ni alw i weld Dad.

SAIB.

SID: Be' chi'n weud? Ma'i address e 'da chi, ond yw e?

MAE GWENNY'N ARLLWYS POTEL AR Y LLAWR YN FWRIADOL.

GWENNY: O... shit... bydd raid i ti helpu fi, Sid.

MAM: Wy ffili mynd, gelen i ddim croeso, bydd 'i floozy fe 'da fe.

MAE GWENNY'N GORFODI SID I HELPU. MAE'N NHW'N CYMONI.

MAM: (YN CODI) Nos da, bawb.

GWENNY: Nos da, Mam.

SID: Nos da.

MAE MAM YN GADAEL. CLYWN SYNAU DIWYDIANT A PHEIRIANNAU TRWM. MAE'R GOLAU'N PYLU.

ACT DAU

DAW BOYO A SID I MEWN. MAEN NHW AR OCHR Y MYNYDD.

SID: 'Na'r tro dwetha, Boyo, 'na'r ffycin tro dwetha.

BOYO: Paid â gatel iddo fe ypseto ti, wys.

SID: Ypseto fi? Ti'n neud popeth fel ti fod a be' sy'n ffycin dicw'dd? Ffycin typical.

BOYO: Falle dylen ni fod wedi codi'n gynt.

SID: 'Na gyd s'da ti 'weud? Paid â twyllo d'unan, Boyo, 'sen ni 'di ciwo am wthnos, bydde wyth o fois 'di ca'l y gwaith o'n bla'n ni. Ta le ei di ma' wastod wyth o fois sy'n ca'l y gwaith o dy fla'n di. O'n nhw'n arfer gweud bo' fi rhy ifanc, nawr y' fi rhy bastad hen. Wel 'na'u tsians dwetha nhw i gynnig gwaith i fi, Sid Lewis. Ma' nhw 'di strwa'n blans i a wy'n mynd i neud rwbeth ambothdi fe.

BOYO: Jobs Mickey Mouse o'n nhw ta p'un 'ny, bydde ci'n gallu neud nhw.

SID: Galle unrhyw beth heb frein miwn cot neud nhw, Boyo, 'na'r broblem, ma' popeth rownd ffor 'yn yn Mickey Mouse. Gwaelod y league, ar y tip, toys ail-law.

BOYO: Y peth gore i neud yw anghofio ambothdi fe.

SID: Grynda ar hwn: 'No man shall operate any digging machinery of any kind without a labourer being present at all times.' Miwn gire erill ti'n sefyll 'na fel ffycin slej yn wotsho'r ffycin mashîn. Bollocks – ma' fe gyd yn bollocks.

BOYO: Sid, byn, fi'n...

SID: Pwy sy moyn bod yn labrwr i'r shits 'na ta p'un 'ny? Y peth llia gallet ti neud yw drifo un o'r mashîns. Meddyla, 'na le y't ti, reit, yn labro'n genol gia, mae'n pisho bwrw glaw, reit, a ti yn y twll du 'yn a sneb 'di siarad 'da ti trw'r dydd; a ti'n dishgwl ar y bachan yn y mashîn sy'n dwym neis yn ei gab, reit, a mae'n galw ti draw, so ti'n mynd draw'n meddwl bod e moyn chat a craic. A ti'n cnoco ar y ffenest a gofyn beth mae moyn, a mae'n troi rownd a mae'n gweud, 'Ffyc off, I don't want to talk to you.'

MAE BOYO'N CHWERTHIN.

BOYO: Hei, ti'n cofio ni'n torri beddi? Y squally showers?

SID: O, o'n nhw'n fastads. Wy'n gweu'tho ti 'na beth sy'n achosi'r depression 'yn, 'na pam ma' nerfe Mam mor wael.

BOYO: Ti byth yn gwpod le y't ti, na'r peth gwitha ambothdi squally showers, ti byth yn gwpod pryd i wishgo cot, ti'n palu fel yr yffarn, yn agor bedd ryw fastad yn y glaw a'n sydyn reit mae'n stopo bwrw, a ti'n gwishgo dy got a ti rhy blydi dwym, so ti'n tynnu hi off, ond cyn 'ti droi rownd mae'n dechre bwrw 'to, so ti'n gwishgo hi 'to, a ar ôl cwpwl o ddiwrnode sdim cliw 'da ti os ti'n gwishgo cot ne' bido, so naill ai ti'n wlyb socan ne' ti'n berwi, ond ti ffili neud dy feddwl lan ta p'un 'ny, so ti bown' o ga'l annwyd, so ti off gwaith, a ti'n dwym, ti'n o'r... ti off dy ben.

SID: Depressed.

BOYO: Depressed... ie.

SID: Llwm.

BOYO: Ie... ti'n peswch fel yr yffarn, ti ddim yn gwpod pwy y't ti, os ti'n mynd ne'n dod, a ar ben popeth arall sdim ffycin cliw 'da ti pwy yw'r pwr dab sy bia'r twll y't ti mor fishi'n palu.

SID: Diolch byth gethon ni wared o'r jobs 'na, Boyo.

BOYO: Ie, a'r jobs 'na lan ar y Cast, na'r unig ffordd i weld pethe.

SID: Bydde'r arian 'na 'di talu am drip i America, Boyo.

BOYO: Elet ti ddim ta p'un 'ny.

SID: Shwt ti'n gwpod?

BOYO: Achos 'na gyd ti'n neud yw ffycin breuddwydo, 'na pam.

SID: No way, wys, wy 'di bo'n meddwl ambothdi fe, mae 'di bod ar yn feddwl i ers sbel, wy moyn mynd, i ffindo'r hen ddyn, wy moyn mynd. Wy 'di siarad 'da Gwenny, wetodd hi dele'i 'da fi.

BOYO: Ti 'di siarad 'da'i, y't ti?

SID: Odw a tymo beth?

BOYO: Beth?

SID: Ma'i 'di bo'n sgwennu ato fe.

BOYO: Shwt ti'n gwpod?

SID: Weles i ddi.

BOYO: Le gath hi'r address?

SID: Bestrodd hi Mam.

BOYO: Nacyw e 'di ateb though, odyw e?

SID: Na, ond ma'r address 'da'i, 'na beth sy'n bwysig.

SAIB.

SID: Ma' dicon o waith 'na fyd, Boyo, dicon o le, dicon o haul, meddyla am reido'n gro's i America ar gefen dy Harley Davidson, arian yn dy boced, tiger yn dy danc, Hendrix ar y Walkman – dim helmet – jest ti, yn rhydd yn dilyn yr haul.

BOYO: Ti'n gallu neud 'na'n Shir Benfro, Sid.

SID: Shir Benfro! Ffycin Shir Benfro! Beth sy'n dicw'dd pan ti'n cyrraedd y môr, y?

BOYO: Wy ddim yn gwpod, ti'n gorwedd ar y tra'th a ti'n dishgwl ar yr awyr.

SID: Yn wotsho'r glaw'n dod lawr. Na, Boyo. Ti'n sefyll sbo'r teid yn mynd mas a ti'n reido fel yr yffarn yn gro's i'r Atlantic.

BOYO: Alla'i ofyn cwestiwn i ti, Sid?

SID: Wrth gwrs, unrhyw beth.

BOYO: O's beic 'da ti?

SID: Paid â dechre'r cachu 'na nawr.

BOYO: Wel sdim beic 'da ti, o's e, a ti jest â bod yn dri deg a ti'n sgint.

SID: Smo fi moyn gwpod, olreit? 'Na gyd fi'n gwpod yw bo' fi ddim di ca'l 'y ngeni i fyw yn hwn... yn y glaw... smo fe'n naturiol, byn, gallen i fyw miwn tent 'se'r haul yn shino.

BOYO: A ddinet ti'n y bore'n canu fel hipi.

SID: Mae'n wir, ges i 'ngeni yn y wlad rong.

BOYO: Do fe?

SID: Do. 'Se rywun yn moyn ateb streit i gwestiwn plaen, bydden i'n gweud, licen i 'sen i 'di ca'l 'y ngeni'n rhywun arall, mewn gwlad arall.

BOYO: O ie?... Fel pwy?

SID: Wy ddim yn gwpod... rhywun arall.

SAIB.

Jack Kerouac.

SAIB.

Sgrifennodd e'r llyfr 'yn wy'n darllen, *On the Road*.

BOYO: Ti'n trial gweu'tho fi bo' ti moyn sgwennu llyfr? Ti, sy ddim wedi darllen llyfr ers i ti atel ysgol?

SID: Na, byn, dim sgwennu llyfr.

BOYO: Beth ten?

SID: Ca'l bywyd le ma' rwpeth yn dicw'dd. Ethon nhw reit rownd i America, fe a'i fêt, o'n nhw off eu penne.

BOYO: O'n nhw?

SID: O'n. Wedodd e hwn, grynda, wedodd e, 'the only

people for me are the mad ones, mad to live, mad to talk, the ones who never yawn or say a commonplace thing, but burn, burn, burn, like fabulous yellow Roman candles...' Beth ti'n meddwl o hwnna?

BOYO: Ie, mae'n dda. American o'dd e?

SID: Bob dydd.

BOYO: Sdim raid ti fynd i America i ffindo bobol sy off eu penne though, o's e?

SID: O'dd e'n wilo am freuddwyd, Boyo, yn tsiaso breuddwyd.

BOYO: Ffindodd e fe?

SID: Smo i'n gwpod, smo fi 'di cwpla'r llyfr 'to – gei di fencyd e ar yn ôl i, wys.

BOYO: Ie, gad fi wpod pryd ti'n cwpla fe.

SID: 'Na beth na'th yr hen foi, wy meddwl.

BOYO: Beth?

SID: Tsiaso breuddwyd.

BOYO: Menywod o'dd e'n tsiaso, Sid, nace breudd-wydion.

SID: Welodd e'i jans a woooooofffff off â fe, ti ffili beio fe, y't ti?

BOYO: O'dd e'n fastad, Sid, o'dd cyfrifoldebe 'da fe.

SID: Dim ond hanner seis ei freuddwydion e, byn, na fel fi'n gweld e, ffycin gwlad yr addewid, ife? Sneb yn meddwl bod Tom Jones yn fastad, a a'th e i America.

BOYO: Ie ond a'th Tom achos y tacs, a ta beth 'ny ma' fe nôl nawr, yn y Vale.

SID: O'n i meddwl bo' ti'n ffan, Boyo... 'Green, green grass of home' a pethe.

BOYO: Paid bod mor sofft.

SID: Fi 'di clywed ti'n ware'i records e, byn, fe a Elvis.

BOYO: Mam sy'n lico Tom Jones, Sid, Elvis fi'n lico. Elvis yw'r king, wys, Elvis was the king a Elvis is the king, am byth, wys.

SID: 'Na ti, twel, 'na beth fi'n trial gweud, Elvis was the king ond beth ambothdi ni, le ma'n kings ni, wys, le ma'n heroes ni, y?... Yr ateb yw, sdim i ga'l 'da ni. Fel Harry Secombe.

BOYO: Beth ambothdi fe?

SID: Smo fi'n mynd i giwo yn y glaw i weld Harry Secombe, odw'i?

MAE BOYO'N CHWERTHIN.

SID: Odw'i?

BOYO: Blydi hel, Sid, ti mor ffycin chopsy.

SID: Wy'n gweud y gwir, wys, 'na gyd, jest gweud y gwir.

BOYO: Smo Harry Secombe 'rio'd 'di esgus bod yn hero.

SID: Nag yw, a mae'n ffycin reit 'ed. Na, weta'i 'thot ti, wys, wy 'di ca'l llond bola, o hyn mla'n wy'n neud pethe'n ffordd i.

BOYO: Dy ffordd di?

SID: Yn ffordd i. The Sid Lewis experience.

AIFF SID A BOYO ALLAN, WRTH I 'MY WAY' FRANK
SINATRA CHWARAE. GOLAU'N CODI AR MAM YN
SEFYLL WRTH Y FFENEST. MAE GWENNY WRTH Y
FORD YN EDRYCH AR LUNIAU.

MAM: Ti'n lico Frank Sinatra, Gwenny?

GWENNY: Mmmm.

MAM: Wy'n falch bo' ti'n lico fe.

GWENNY: Pam 'ny?

MAM: Bydda' i'n ware fe lot o hyn mla'n.

GWENNY: Fyddwch chi?

MAM: Bydda, i gwato sŵn yr *Open Cast*.

GWENNY: Ni ffili jest ware Frank Sinatra, Mam, ma'
records 'da fi 'ed.

MAM: Bydda i'n gwpod nhw gyd off by heart ten.

SAIB.

Wy'n falch gath y bechgyn mo'r jobs.

GWENNY: Wy ddim, ma' ishe'r arian arnon ni.

MAM: Nace arian yw popeth. Ma' becso am hwnna a'r
holl freuddwydo 'ma am America'n hala fi'n dost.

GWENNY: Dewch i ishte lawr fan 'yn 'da fi ten.

MAE MAM YN EISTEDD I EDRYCH AR Y LLUNIAU.

MAM: Co fi a fe fynna, shgwl, ar yn mish mêl yn Trafalgar
Square, ti'n gweld y clomennod i gyd.

GWENNY: O'dd e'n ddyn smart, ond o'dd e?

MAM: Wy'n gweu'tho ti, 'run sbit â Errol Flynn, ond sa' sbo ti'n gweld hwn, shgwl ar hwn nawr.

GWENNY: Aaa... beth yw hwnna yn ei wallt e?

MAM: Cachu colomen, a'th e i sefyll bwys y dŵr, a gachodd colomen yn ei wallt e.

MAE GWENNY'N CHWERTHIN.

O'n i'n meddwl bod e'n ddoniol 'fyd, ond naco'dd e'n lico fe, o'dd e'n tampan, o'dd e moyn mynd i gnau e bant, ond wetes i bod e'n anlwcus, ond ballodd e ryndo. A'th e i'r gents i gnau e bant, ballodd e ryndo.

GWENNY: O'dd e'n spoilsport, ond o'dd e?

MAM: O'dd e'n hapus pyr'ny, o'dd e'n lico trafulu, real trafulwr.

GWENNY: Pwy flwyddyn o'dd hi?

MAM: 1957.

GWENNY: Ife? 'Na beth od.

MAM: Beth?

GWENNY: 'Na'r flwyddyn gwrddodd Joyce Johnson Jack Kerouac. Mish Ionawr 1957.

MAM: Mish Mai o'dd hwn, br'oton ni yn y gwanwyn.

GWENNY: 'Run flwyddyn though, Mam.

MAM: Pwy y'n nhw ten, sa'i'n napod nhw, otw'i?

GWENNY: Wy'n darllen llyfr ambothdi nhw, ges i

fencyd e 'da Sid, stori garu yw e.

MAM: Nacy'n nhw'n byw rownd ffor hyn, ten?

GWENNY: Na, yn New York o'dd hwn, ma' hi'n stori lyfli, drist, hapus mor belled.

MAM: Beth s'da hwnna i neud â'n br'otas i ten?

GWENNY: Wel, dim byd sboso, jest cyd-ddigwyddiad.

MAM: O, 'na fe ten.

SAIB. MAEN NHW'N EDRYCH AR FWY O LUNIAU. SŴN RHYWUN YN DOD. DAW SID A BOYO I MEWN.

BOYO: Wel ma' dicon o go'd 'da ni i bara blwyddyn.

MAM: Da iawn, catwch y tân i fynd.

SID: Bydd dim coeden ar ôl yn unman os gariwn ni mla'n fel hyn.

MAM: Pidwch anghofio'r tân.

GWENNY: Hei, Boyo, der i weld y llunie 'ma.

BOYO: O Crist o'r nef, shgwlwch arno'i.

SID: Cool shades, Boyo, naco'n i'n cofio bo' ti mor cool pan o't ti'n fach.

BOYO: Fel raca, ond o'n i?

MAM: O'dd e pallu byta.

SID: Beth am Gwenny fan 'yn ten heb ei dannedd ffrynt?

CHWERTHIN.

GWENNY: Shgwlwch ar Sid yn tynnu jib.

SID: O'n i ffili oefad, 'na pam, a o'ch chi gyd yn oefad.

GWENNY: Beth yw hwn fan 'yn?

MAM: Ych tad yn batho chi.

SID: Dim ond 'bothdi 'wech o'dd Gwenny, shgwlwch, a ma' dou fachgen yn y bath 'da'i'n barod.

MAE GWENNY'N GWTHIO SID YN CHWAREUS. CHWERTHIN. MAE BOYO'N CODI A MYND AT Y TELEDU. MAE'N SYLWI NAD YW AR UNRHYW SIANEL.

BOYO: Oty'r teli 'di torri ten?

MAM: Nacyw.

BOYO: Ma'r llun yn wael, ond yw e?

MAM: Fel'na fi lico fe.

BOYO: Sdim llun arno fe.

MAM: Wy 'di gweld dicon o lunie am heno.

BOYO: 'Naf fi fe nawr.

MAM: Na.

BOYO: Ma' fe'n mynd ar yn nyrfs i, chi ffili ishte fynna'n wotsho hwnna.

MAM: Na wetes i, gad e fod.

DYW BOYO'N GALLU GWNEUD DIM OND EDRYCH ARNI'N RHWYSTREDIG.

SID: 'Home in Missoula, home in Truckee, home in Opelousas ain't no home for me....'

GWENNY: Home in old Medora...

SID: Home in Wounded Knee...

GWENNY: Home in... beth yw e?

SID: Ogallalla.

GWENNY: 'Na fe.

SID: Home I'll never be.

CHWERTHIN.

That's my Joycey.

BOYO: Beth wetest ti?

MAM: Galwodd e ddi'n Joyce.

CHWERTHIN.

BOYO: Hei byn, beth yw'r jôc, pwy yw Joyce?

GWENNY: Joyce Johnson, cariad Jack Kerouac, ti'n gwpod.

BOYO: Nagw.

SID: O'n nhw'n gariadon.

MAE SID YN DODI EI FRAICH O AMGYLCH GWENNY'N CHWAREUS.

O'n nhw'n canu'r gân 'na 'da'i gilydd.

BOYO: O'n nhw?

SID: O'n, cân dda.

GWENNY: O'r llyfr 'ma, Boyo.

MAE'N DANGOS ON THE ROAD IDDO.

BOYO: Beth sy mor sbesial am hwnna, ten?

MAE MAM YN TROI'R SAIN YN UWCH. MAE SID YN GWEIDDI UWCH EI BEN, YN GWNEUD EI BWYNT.

SID: Ma' fe'n fwy na llyfr, Boyo, ma' fe'n ffordd o fyw.

GWENNY: Mam, trowch e lawr tym bach, ni ffili clywed.

MAE'N DECHRAU DARLLEN O'R LLYFR.

SID: 'I got on the Washington bus, wasted some time there wandering around, went out of my way to see the Blue Ridge, heard the bird of Shenandoah and visited Stonewall Jackson's grave; at dusk stood in the Kanawha river, the dark and mysterious Ohio and Cincinnati at dawn, then Indiana fields again, and at St. Louis...'

MAE MAM YN CODI O'I CHADAIR YN SYDYN, CERDDED TUAG AT SID A'I SBANCO.

SID: Beth yffarn?

CHWERTHIN.

BOYO: Hei, dewch ma'n, Mam.

MAM: Paid â werthin ar ben dy frawd, o'n nhw'n werthin ar dy ben di, naco't ti'n clywed nhw?

BOYO: Jest anghofiwch e.

SID: Pidwch neud 'na 'to, Mam.

GWENNY: O'dd dim ishe 'wnna.

MAM: O'ch chi'n werthin.

SID: So, o's cyfreth yn erbyn werthin?

BOYO: Dewch i ishte lawr fan 'yn.

SID: Beth ddiawl sy'n bod arni ddi? 'Na gyd o'n i'n neud o'dd canu a darllen, o'dd dim ishe 'wnna.

GWENNY: Anghofia fe, o'dd hi ddim yn meddwl e.

MAE BOYO'N DIFFODD Y SET.

MAM: O'n i'n gryndo ar hwnna.

MAE'N EI THROI YN ÔL YMLAEN.

GWENNY: Trowch e off, Mam, plis.

MAM: Na, hwn yw'r unig gwmpni sy 'da fi... fi a Mr Eira. Ma' rhai pobol yn galw fe'n interference, ond wy'n galw fe'n Mr Eira, ni'n bantners, ni'n dou. Pan wy'n coti yn y bore wy'n gweud shw'mae, Mr Eira, a cyn bod e'n ca'l amser i ateb wy'n troi e bant.

MAE'N EI DIFFODD. TAWELWCH.

Fe yw'r unig ffrind sy 'da fi yn y tŷ 'yn. Gath e'i eni pan gollon ni'r signal achos y crâns. Hei, smo chi'n gryndo.

SID: Chi'n ramblo 'to.

MAM: 'Na beth ti'n galw fe, ife? Wel weta'i 'tho chi, wy 'di gweud popeth wrth Mr Eira, yn secrets i gyd... ma' fe'n dda fel'na, popeth wy ffili gweud wrth 'y mhlant. Ma' fe'n gwmpni, a ma' pawb ishe cwmpni. Ti'n gryndo, Sid Lewis? Gwenny? Chi'n diall be' s'da fi, y secrets i gyd, ond sdim byd od yn mynd mla'n... dim fel rai pethe wy'n gweld, ma' fe'n gwpod mwy ambothdi'r tŷ 'yn na ti, Boyo, licen i ddim gweud bod rwpeth od yn mynd mla'n rynt Sid a Gwenny, achos, chymo, ma' nhw'n frawd a wa'r, ond Joyce a Jack, nawr ma' nhw'ch dou'n wahanol.

SID: Beth y'ch chi'n trial gweud?

MAM: O'n nhw'n gariadon, twel, Boyo, Jack a Joyce... miwn cariad, 'na gyd wy'n gweud.

GWENNY: Fi ffili cretu bo' chi 'di gweud rwpeth fel'na, Mam. Fi ffili cretu fe.

BOYO: Dewch ma'n, Mam, smo chi'n gwpod beth chi'n gweud.

MAM: O otw fi yn.

SID: Wy ddim yn gryndo ar y crap 'yn 'acor, wy'n mynd.

MAM: Paid â boddran, Sid... pam y'ch chi'n dishgwl arno'i fel'na, ffili aros i ga'l fi mas o'r tŷ. Wel pych â becso, wy'n mynd, wy'n mynd i baco.

BOYO: I baco?

GWENNY: Le chi meddwl chi'n mynd?

MAM: Wy ddim weti meddwl ambothdi fe, ond ma'r tŷ 'yn rhy dwym i fi.

BOYO: Hei, Mam, ma' Sid yn gwpod bo' chi ddim yn meddwl e, ond y't ti, Sid?

SID: Odw...

MAM: O, fi yn though, a naf fi fe 'to.

SID: Chi ddim yn mynd i neud e 'to, pych â becso.

MAM: Wy ddim yn saff yn y tŷ 'yn 'acor. Wy'n gwpod bo' chi moyn fi mas o'r tŷ. Ma' rywun 'di bo'n peinto'n rŵm i'n las, fel bod e'n dangos popeth i'r byd.

SID: Co ni off 'to.

GWENNY: Ni 'di gweu'tho chi, Mam, ma'ch rŵm chi wastod wedi bod yn las.

MAM: Ma' peinto fe'r lliw 'na weti hwpo fi dros y dibyn. Wy'n gwpod y gwir, wy ffili, wy ffili...

MAE'N TORRI I LAWR. MAE GWENNY'N CEISIO EI CHYSURO.

GWENNY: Dewch ma'n, Mam, 'naf fi ddishgled o de.

MAM: Wy'n mynd, wy'n mynd.

MAE GWENNY YN EI HARWAIN HI I FFWRDD.

SID: Ffona'r doctor, ma' raid iddi weld doctor, Boyo.

BOYO: Na. Wetiff e bod rhaid iddi fynd i'r mental i wella, mae'n ca'l nervous breakdown.

SID: Ni ffili helpu ddi, Boyo, mae'n mynd yn wa'th, wy'n gweu'tho ti, ma' ishe doctor arni ddi, a wy mynd i ffono fe.

SAIB.

BOYO: Well i ni, sboso, ond smo ddi'n mynd os naco's raid.

AIFF SID ALLAN. MAE BOYO'N EDRYCH O'I GWMPAS YN DERBYN Y SEFYLLFA. MAE'R GOLAU'N PYLU'N DDÜWCH.

CYNYDDU CERDDORIAETH OPERATIG YN ARAF, MARIA CALLAS YN CANU ARIA EFALLAI, WRTH I'R GOLAU COCH O'R TÂN GRYFHAU, GAN DDANGOS MAM YN LLOSGI DILLAD. DAW BOYO I MEWN YN EI BANTS YN HANNER CYSGU.

BOYO: Beth y'ch chi'n llosgi, Mam?

MAM: O, Boyo, dim byd, jest carco'r tân.

BOYO: Chi'n gwpod faint o'r gloch yw hi?

MAM: Nagw, wy 'di bod rhy fishi.

BOYO: Dewch o'r tân. Chi'n trial berwi ni'n fyw ne' beth?

DAW SID I MEWN, YNTAU YN EI BANTS HEFYD.

SID: Sdim byd ar y walydd, Mam, dim ond paent. O, Boyo, glywest ti'r palafa, do fe?

BOYO: Be' sy'n mynd 'mla'n ten?

MAM: Jest llosgi hen ddillad, dillad dy dad, twel?

BOYO: O, Crist o'r nef, yn ddillad i yw reina, byn, beth yffarn, Mam, dewch â nhw 'ma.

SID: O'n i meddwl bo' fi'n napod nhw.

CHWERTHIN.

BOYO: Paid â werthin, byn.

SID: Ma' Mam wedi bo'n neud tym bach o beinto, twel, Boyo, coch. A ma' paent 'da'i'n bobman.

BOYO: Ma' hanner yn ddillad i yn y tân.

MAM: Ma' paent ar yn ddillad i 'ed.

SID: Weda'i 'tho ti pam na'th 'i fe 'ed.

MAM: O'n i ffili help.

SID: Mae'n olreit... sshhh...

BOYO: Pam, Mam?

SID: Mae'n meddwl bod gwa'd ar y walydd.

MAM: Nace meddwl, gwpod. O'n i ffili ca'l e bant. O'dd e'n mynd ar yn nyrfs i.

SID: Mae'n gweud taw gwa'd Dad yw e.

MAM: Ei wa'd e yw e, ma'r gath mas o'r cwd nawr.

SID: Wy ddim yn gwpod 'acor, 'na gyd wetodd hi wrtho'i.

MAM: Ma' nhw'n mynd i fynd â fi bant, Boyo, ond wetest ti byddet ti wastod yn caru fi ta beth nelen i, a os bydd rwpeth yn digwydd i fi ma' raid i chi stico 'da'ch gilydd, ti'n clywed?

BOYO: Olreit, Mam, mae'n olreit. Beth am fynd nôl i'r gwely nawr, ife?

MAM: Na, dim miwn mynna.

SID: Pam ma' gwa'd ar y walydd ten, Mam?

MAM: Achos laddes i fe.

TAWELWCH. MAE MAM YN DECHRAU CHWERTHIN YN ORFFWYLL. MAE SID A BOYO YN EI GWYLIO. AR ÔL TIPYN MAE'N TAWELU. TAWELWCH.

MAM: Ma'r gath... mas... o'r cwd.

BOYO: Olreit, Mam, mae'n olreit.

TAWELWCH.

MAM: Beth wetes i?

SID: Wetoch chi bo' chi'n timlo fel cysgu.

MAM: Do fe? Otw, fi yn.

BOYO: Chi'n barod i fynd i'r gwely, Mam?

MAM: Otw, wy 'di blino nawr, gwely sy ore.

SID: Dewch ma'n, daf fi 'da chi.

MAM: Na, na, wy'n gallu mynd wrth yn hunan, ond af fi i dy wely di, wy'n ca'l breuddwydion cas yn yn wely i.

BOYO: Chi'n siwr bo' chi'n olreit wrth ych hunan?

MAM: Wrth gwrs bo' fi, nacwy'n hen, a fi yw'ch mam chi.

MAEN NHW'N EI GWYLIO HI'N GADAEL.

BOYO: Ffycin hel.

SID: Ga'th 'i freuddwyd cas, 'na gyd. Ma'i phen 'i'n ware trics arni ddi.

BOYO: Ti'n meddwl?

SID: Wrth gwrs 'ny, ti ddim yn cretu ddi, y't ti?

BOYO: Smo fi'n gwpod beth i gretu, Sid.

SID: Ma' pawb yn gwpod bod e yn America, gof'na i unrhyw un. Smo ddi 'di lladd e, falle o'dd 'i moyn lladd e, a nawr bod hi'n dost mae'n meddwl bod 'i wedi, ma' popeth wedi cymysgu yn ei phen 'i, 'na gyd.

BOYO: Wy ddim yn gwpod os wy'n mynd ne'n dod, Sid, wy ffili copo 'da hwn, ma' fe'n ormod i fi.

SID: Paid â ypseto, wys, meddwl pethe mae ddi, celw'dd yw e, yn ei phen 'i ma' fe.

BOYO: So pam smo ni 'di clywed wrtho fe?

SID: Achos bod e'n meddwl taw 'na'r peth gore, siwr o fod. Beta'i ti bod e'n neud plans nawr i ga'l ni draw 'na.

'Na beth fi'n meddwl ta beth.

BOYO: Shwt galli di fod mor siwr, Sid?

SID: Wy'n gwpod, byn, ma' timlad 'da fi, wy'n cretu, 'na gyd, 'sen i ddim yn cretu elen i off 'y mhen.

SAIB.

BOYO: Sdim pwynt gweud wrth Gwenny.

SID: Na, bydd e'n hala ddi fecso, bydd e'n drysu ddi, y peth gore i neud yw anghofio ambothdi fe, a gobitho welliff hi. Nos da, wy'n mynd i'r gwely.

BOYO: Nos da.

AIFF SID ALLAN. MAE BOYO'N SEFYLL YN EDRYCH TRWY'R ALBWM LLUNIAU. MAE CERDDORIAETH YN CHWARAE'N DAWEL HYD AT DDÜWCH.

ACT TRI

'RIDERS ON THE STORM' YN CHWARAE YN Y TYWY-
LLWCH. GOLAU'N CODI AR SID SY'N GWNEUD YN DDA
GYDA'R TRIC CARDIAU AR Y FORD. BOYO'N GWNEUD
PRESS-UPS AR Y LLAWR. CERDDORIAETH YN PYLU.

SID: Oi... Boyo, beth ti'n meddwl am hwn ten?

BOYO: Hei, ma' hwnna'n olreit, Sid, shwt nest ti fe?

SID: Neud yn siwr bod y foundations yn solid, Boyo. Ma'
popeth ma' Sid Lewis yn bildo'n solid. A sgìl wrth gwrs
– rynt y ddou ti bown' o ennill.

BOYO: Sdim clêr arnot ti, o's e frawd?

SID: Nago's Boyo, a os o's e ethon nhw naill ai i Oxford
ne' Cambridge.

BOYO: Am drip ife, Sid?

SID: Na, Boyo, achos bo' brains 'da nhw, wys, achos bod
brains 'da nhw.

DAW GWENNY I MEWN.

GWENNY: Geswch chi byth beth fi newydd weld.

MAE GWENNY'N SEFYLL YN LLONYDD YNG
NGHANOL Y STAFELL.

O'n i'n cered lawr yr hewl, reit, a mae'n bwrw glaw, a
ma'r cymyle'n ishel, a o'n fla'n i ma' dyn yn mynd â'i gi
am wac, chihuahua.

SAIB.

Wetyn wy'n clywed bỳs tu ôl i fi, bỳs mowr coch fel bỳs ysgol, a ma' fe'n paso fi, whoosh, fel'na, a ma' fe jest â paso'r ci, sy ar lead, pan ma'r ci'n mynd off y pafin, a ca'l ei wasgu'n fflat, a ma'r dyn jest yn sefyll 'na, yn dala'r lead a'n dishgwl ar ei gi fflat. A'n sytyn reit o'n i'n timlo fel werthin, nace jest giglan ond werthin yn hysterical.

SID: Beth yw e, twel, rwle tu fiwn i ti, ti'n casáu chihuahuas.

GWENNY: Pam? Wetyn wy'n mynd i weld os galla'i helpu. Ma'r dyn jest yn dishgwl ar y llawr, a wy'n timlo'n flin amdano fe nawr. Wetyn ma' fe'n troi rownd a gweud, 'Wy newydd roi tun cyfan o Chum iddo fe, a nawr ma'r pwr bygyr wedi'i wasgu'n fflat.' Wetyn gof'nes i iddo fe beth o'dd enw'r ci a ma' fe'n troi rownd a gweud 'Jac.'

SID: Kerouac.

GWENNY: 'Na beth wetes i, a ma' fe'n gweud, 'Pwy yw e 'te?' a wetes i, 'Boi o America o'dd yn sgwennu llyfre.' So ma'r ddou o ni'n sefyll 'na, yn dishgwl ar y boi 'yn o America o'dd yn sgwennu llyfre wedi'i wasgu'n fflat yn genol yr hewl, a chi'n gwpod beth?

SID: Beth?

GWENNY: Smo fi'n gwpod diwedd y stori 'to.

MAE'N SGRECHIAN MEWN BUDDUGOLIAETH.

BOYO: O, Crist o'r nef, byn, Gwenny.

SID: Hei, der m'an, Gwenny, cwpla fe, ma' raid ti gwpla'r stori.

GWENNY: A droiodd y ferch at ei brawd a gweud, nes i fe gyd lan. Breuddwyd o'dd e. Wy 'rio'd 'di gweld chihuahua, a peth arall, wy ddim 'di bod mas o'r tŷ. Wy 'di bod lan lofft yn darllen a'n trial dillad arno.

MAE'N EDRYCH ARNYN NHW AC MAEN NHW I GYD YN CHWERTHIN. CRASH DIWYDIANNOL UCHEL, SYDYN ODDI AR Y LLWYFAN.

BOYO: Iesu Grist, odyn nhw'n hwthu'r byd lan ne' beth?

MAE'N MYND AT Y FFENEST.

SID: Sdim ots ambothdi nhw. Ma' rwpeth amazing 'da fi fan 'yn. Hei, Gwenny, ti 'di gweld yn gardie i?

BOYO: Chi'n gallu gweld top y crâns nawr, shgwlwch.

GWENNY: Fytan nhw'r tŷ rhyw ddiwrnod.

SID: Beth am fynd lan i weld?

GWENNY: Beth, nawr?

SID: Ie, dewch ma'n.

GWENNY: Ti'n dod, Boyo?

BOYO: Na. Sefa'i fan 'yn i gardo'r tŷ.

SID: Dere ma'n ten...

MAE SID YN CODI AC YN DYMCHWEL Y CARDIAU AR DDAMWAIN. GWELWN FOD SID WEDI GLUDO'R CARDIAU AT EI GILYDD.

Shit.

BOYO: Ah... co, Gwenny, co. 'Na pam ma'r tric yn gwitho... mae 'di gliwo nhw at ei gilydd! (MAE'N DAL Y TRIC CARDIAU I FYNY)

GWENNY: Ti 'di tsieto, Sid.

BOYO: Wyt...

SID: Wel, mae jest yn dangos, twel Boyo, paid â cretu popeth ti'n gweld.

BOYO: Ie, gofia'i 'na.

SID: Dere m'an, Gwenny.

AIFF SID A GWENNY ALLAN. MAE'R GOLAU'N NEWID AC YN CODI AR YR OPEN CAST. DAW LABRWR I MEWN GYDA RHAW. DAW SID A GWENNY I MEWN.

SID: Twel y boi 'na draw fynna, Gwenny?

GWENNY: Odw.

SID: Labrwr yw e, fe gath y jobyn o'dd Boyo a fi fod i ga'l.

GWENNY: Mae fel 'se fe'n wilo am rwpeth.

SID: Der ma'n, der i ofyn iddo fe.

MAEN NHW'N CERDDED TUAG AT Y LABRWR SY'N EDRYCH AR Y LLAWR AC YN PWYSO AR EI RAW.

SID: Olreit?

LABRWR: Y... odw.

SID: Shw' mae'n mynd?

LABRWR: Chi'n gwitho 'ma?

SID: Na, ni'n byw yn y tŷ 'na lawr fynna.

GWENNY: Ma'r 'oll flasto ma'n ca'l effeth ar y tŷ, ma' fe'n shiglo bob tro chi'n blasto.

LABRWR: Dim byd i neud â fi. Cerwch i weu'tho'r bòs.

SID: Le ma' fe?

LABRWR: Yn y sied lan fynna, ond foddren i ddim 'sen i'n chi.

SID: Pam?

LABRWR: Mae 'di marw.

GWENNY: Y?

LABRWR: Mae 'i ben e 'di marw, o's amser 'da chi ga'l chat?

SID: O's, ond...

LABRWR: Pych â becso ambothdi fe, os geiff e sandwiches cig moch ma' fe'n hapus, sneb 'da fi i siarad 'da fe, chwel.

GWENNY: Beth chi'n wilo amdano?

LABRWR: Smo fi'n wilo am ddim byd, fi 'di cwpla 'da'r nonsens 'na.

SID: Beth sy ar y llawr ten?

LABRWR: O, fi 'di colli rwpeth.

SID: Be' chi 'di colli?

MAE'R LABRWR YN EDRYCH ARNYN NHW.

LABRWR: Pwy siort o gwestiwn yw hwnna, wys?

SID: Welon ni chi'n dishgwl ar y llawr. Wetoch chi bo' chi 'di colli rwpeth.

GWENNY: Helpwn ni chi ffindo fe.

LABRWR: Smo fi moyn ffindo fe, ypsetiff e fi. Wy'n gwpod bo' fi 'di colli fe ond smo fe'n dilyn bo' fi moyn ffindo fe, otyw e? A chi ffili ffindo rwpeth chi ddim yn wilo amdano.

SID: Dries i am y jobyn hyn, chwel, fi a'n frawd. Wy...

LABRWR: Co ti, galli di ga'l go os ti moyn.

SID: Be' chi'n goffod neud?

LABRWR: Dim byd a popeth, mae'n hala chi'n benwan.

GWENNY: Be' chi meddwl?

LABRWR: Ni'n sefyll ar ben glo, ond y'n ni! Ma'r mashîn 'na draw fynna'n sefyll ar ben glo, a ma'r lorri'n sefyll ar ben glo. Ma'r mashîn yn llanw'r lorri 'da'r glo, a'n jobyn i yw twlu'r pishys o lo sy'n tipo drosto nôl ar y lorri? Ond y tric yw, shwt y'ch chi'n gwpod pwy bishys gwmpws off y lorri, achos ma' fe gyd yn dishgwl 'run peth, ond yw e? So chi naill ai'n doti'r cwbwl lot nôl ar y lorri, ne' chi ddim yn boddran.

SID: A chi ddim yn boddran.

LABRWR: Nagw, ma'n ben i 'di mynd. Hei wotshwch ych penne, ma'r drifwr yn stoned mas o'i focs. Gath y bachan o'i fla'n e'r sac achos o'dd e pallu dod mas o'r cab. Drifodd e fe gytre, ond erbyn iddo fe gyrra'dd o'dd e'n amser dod nôl, a ma' fe 'di anghofio le mae'n byw nawr.

GWENNY: Ma' nhw'n dishgwl fel deinosors.

LABRWR: Na, sdim deinosors i ga'l.

GWENNY: Deinosors letric.

LABRWR: Ie, os licwch chi.

SID: Chi 'di siarad 'da'r bachan yn y cab?

LABRWR: Mae'n gweu'tho fi fynd i'r storws ambell waith i aros am sbel, so fi'n mynd, a fi'n aros 'na trw'r dydd. Part gore o'r job.

GWENNY: Lwcus bo' chi ddim wedi ca'l y jobs 'na, Sid.

MAE SID YN AMNEIDIO.

SID: Beth y'ch chi 'di colli ten?

LABRWR: Yn ben i.

MAE GWENNY'N CHWERTHIN.

Pam y'ch chi'n werthin? (YN YMOSODOL YN SYDYN)

GWENNY: Na, na, jest fi yw e, yn werthin.

SID: Shwt ddigwyddodd e?

LABRWR: Ges i ddim lot o lwc pan o'n i'n ifancach, a pan o'n i 'bothdi un deg wyth, dotes i'n ben yn y tywod. Dynnes i fe mas pan ges i'r jobyn 'yn, ond pan shgwles i yn y glàs nace'r un gwyneb o'dd e. O'dd y gwyneb newydd yn wanol i'r gwyneb ddotes i yn y tywod.

SID: Be' chi'n meddwl?

LABRWR: Wel, o'dd yr hen wyneb yn ifancach i ddechre, ond smo 'wnna'n ddim byd, o'dd llyced yr hen wyneb yn glir, a o'dd y gwefuse'n werthin, a'n siarad am beth o'dd y rest o'r corff yn mynd i neud, a o'dd y pen yn llawn breuddwydion, chi'n deall?

SID: Beth sy'n bod ar y gwyneb newydd?

LABRWR: Ma'r gwyneb newydd yn wanol, sdim bywyd yn y llyced, ma'r cro'n yn sago, ma'r dannedd yn pwdru, ma'r gwallt yn gwynnu, ma' llwch ar y plans, a ma'r breuddwydion yn cwmpo mas o'r clustie, chwel? 'Na pam fi'n meddwl bo' fi 'di colli fe, bod e 'di cwmpo off heb wpod i fi, a digwyddodd yr 'oll bethe 'na achos bod e ar y llawr yn ca'l 'i gico 'bothdi'r lle, a lorris yn mynd drosto fe.

GWENNY: Deinosors yn byta fe.

LABRWR: Ie, defed yn pisho arno fe, ôl malwod ar y pen a gwe corr ar y cof.

SID: Hei gryndwch, byn, ma' raid chi ffindo fe, helpa' i chi.

LABRWR: O's colled arnot ti?

GWENNY: Ma' fe moyn helpu.

LABRWR: Ma'r pen 'na 'di mynd am byth, wy'n styc 'da hwn nawr. Wy'n 'difaru doti fe yn y tywod, 'na gyd, falle bydden i ddim wedi colli fe wetyn, achos wy'n gwpod yn grand bo' fi 'di colli rwpeth, fi'n dost i gyd tu fewn. Smo fi moyn ffindo fe nawr, mae'n rhy ffycin hwyr.

SAIB.

SID: Neiff 'wnna ddim digwydd i fi.

LABRWR: Ti'n meddwl?

SID: Na, fi off.

LABRWR: Le ti'n mynd?

SID: Ni'n mynd i America, fi a'n wa'r.

LABRWR: Fi'n goffod mynd nawr, shgwlwch, ma'r mashîn yn dechre cered, ma' raid fi ddilyn y mashîn.

GWENNY: Dewn ni 'to os chi moyn.

LABRWR: Ie, dewch 'to os chi moyn.

GWENNY: Beth yw'ch enw chi?

LABRWR: O, wy ddim yn gwpod, newch un lan.

GWENNY: Ma' raid chi ga'l enw.

LABRWR: Clint.

GWENNY: Yn enw i yw Gwenny, a hwn yw'n frawd i, Si...

SID: Jack.

MAE GWENNY'N EDRYCH ARNO.

SID: Jack Kerouac.

LABRWR: A fi yw Clint Eastwood, the man with no name.

MAE'R LABRWR YN CHWERTHIN A CHERDDED I FFWRDD.

GWENNY: Pam wetest ti hwnna?

SID: Am laugh.

GWENNY: Smo'i'n dod lan 'ma 'to, ma' rwpeth od ambothdi'r lle.

MAE SID YN EDRYCH O'I GWMPAS.

GWENNY: Der m'an, wy moyn mynd.

SID: Cera di, daf fi ar dy ôl di nawr.

MAE GWENNY'N MYND. MAE SID YN EDRYCH ALLAN.

MAE'R SŴN DIWYDIANNOL YN CYNYDDU. SŴN GWYNT A SGRECHIAN.

SID: Sid Lewis R.I.P.

MAE SID YN CERDDED I FFWRDD.

GOLAU'N CODI AR MAM MEWN STAFELL YN YR YSBYTY. DAW BOYO I MEWN.

BOYO: Helô, Mam.

MAM: Ie Iesu, fi sy 'ma, Mrs Lewis.

BOYO: Na, Mam, fi sy 'ma, Boyo.

MAE MAM YN EDRYCH O GWMPAS.

MAM: O, o'n i meddwl taw Iesu Grist o't ti.

SAIB.

BOYO: Des i â ffrwythe i chi.

MAM: O, dota nhw draw fynna.

MAE BOYO'N EU DODI NHW I LAWR.

BOYO: Lle neis 'da chi, Mam.

MAM: Pam ti 'ma?

BOYO: I weld chi, 'na gyd.

MAM: Shw' ma'r tŷ?

BOYO: Olreit.

SAIB.

BOYO: Ma' Gwenny'n hala llythyron i America o hyd.

MAM: Bydd raid ti weu'thi stopo.

BOYO: Fi 'di bo'n darllen nhw.

MAM: Wy 'di gweu'tho ti, smo fe 'na.

BOYO: Wy ddim moyn ypseto'i. Ma' nhw'n galw ddi'n Miss America.

MAM: Pwy?

BOYO: Y bobol yn y Post. Wetodd y fenyw bod hi'n galw bob wthnos i weld a o's llythyr.

MAM: Pwy ffrwythe s'da ti?

BOYO: Fale, chi moyn un?

MAE MAM YN CYMRYD AFAL.

BOYO: Roioch chi address iddi, Mam?

MAM: Smo fi'n cofio.

BOYO: Wetodd Sid bo' chi wedi.

MAM: O'dd hi'n pestro fi.

BOYO: So nethoch chi?

MAM: Do.

BOYO: So ma' fe yn America?

MAM: Smo address yn meddwl dim byd.

BOYO: Beth yw'r address ten?

TAWELWCH.

Mam?

MAM: Mr Clem Lewis, Main Street, Dodge City, The West, America.

MAE'N CHWERTHIN.

BOYO: 'Na beth roioch chi i Gwenny?

CHWERTHIN.

Ife?

MAE MAM YN CHWERTHIN.

BOYO: Ma'i bownd o wpod bod e'n rong, ma'i ffili credu hwnna.

MAM: Well ti ofyn iddi. Hi yw'r un sy'n hala llythyron. Un diwrnod o'n i'n ishte 'da Mr Eira'n wotsho ffilm cowbois, a droies i at Gwenny a wetes i, ''Na le ma' fe.' Ond ti'n gwpod beth sy'n ofnatw, o'dd dim ishe fe fynd i America, a gwed ti wrth Sid a Gwenny i bido wasto'u arian. Wetws rywun miwn man 'yn bod dim ishe mynd yn gro's i'r môr i ffindo America, ma' nhw 'di bildo America ar dop y cwm – galli di fynd lan 'na a bod yn gowboi am y dydd. Galli di wishgo lan fel cowboi, a yfed yn y salŵn, a ma' canu gwlad 'da nhw bob weekend. 'Se dy dad 'di sefyll tym bach, bydde fe 'ma o hyd. Ma'r bachan wetws wrtho'i'n gowboi, wel ma' fe'n meddwl bod e'n gowboi.

MAE'N CHWERTHIN. SAIB.

BOYO: Wy'n mynd nawr, Mam.

MAM: I gardo'r tŷ. Wy'n cretu taw 'ma'r lle gore i fi, gaf fi ddim drwg miwn man 'yn. Glywes i bo' chi'n gallu gweld yr Open Cast o'r ffenest nawr.

MAE BOYO'N NODIO.

> MAM: Ma' nhw'n dod yn nes, fydd e ddim yn hir nawr.

> BOYO: Wy'n caru Gwenny, Mam, a wy ddim moyn gweud celw'dd wrthi.

> MAM: Gwed y gwir wrthi ten.

> BOYO: Wy ddim yn gwpod beth yw e.

> MAM: Ti ddim yn cretu fi, y't ti?

MA'R GOLAU'N NEWID. CERDDORIAETH YN CYNYDDU. 'WALK ON THE WILD SIDE' LOU REED. MAE SID YN DARLLEN I GWENNY, MAE BOYO'N EISTEDD WRTH Y FORD, YN GRAC.

> SID: 'I'm with you in Rockland, where we hug and kiss the United States under our bedsheets, the United States that coughs all night and won't let us sleep.'

SAIB.

> 'Where we wake up electrified out of the coma by our own souls, airplanes roaring over the roof, they've come to drop angelic bombs, the hospital illuminates itself, imaginary walls collapse, victory, forget you're underwater, we're free in my dreams, you walk dripping from a sea journey on the highway across America in tears to the door of my cottage in the Western night.'

> BOYO: Beth ti'n ffycin siarad amdano, Sid?

> SID: Freedom, brother, escape.

> GWENNY: Ti'n meddwl bod Joyce Johnson yn bert, Sid?

YN YSTOD Y DDEIALOG GANLYNOL MAE BOYO

YN DARGANFOD POTEL O BILS AR Y FORD AC MAE
GWENNY'N MYND Â NHW ODDI ARNO'N DDIDARO.

SID: Odw.

GWENNY: O'dd hi'n gwishgo dillad neis, sneb fi'n
nabod yn gwishgo dillad fel'na.

SID: Yn y 50s o'dd e, ondife?

GWENNY: Le ma'r Upper West Side?

SID: Yn New York.

GWENNY: Greenwich Village?

SID: 'Na le gwrddodd hi Jack.

BOYO: Ti 'di cwpla'r llyfr 'na ten?

SID: Odw, oeso'dd yn ôl, ma' Gwenny 'di darllen e fyd,
ti moyn mencyd e?

BOYO: Na, fi'n olreit.

GWENNY: 'Putting on a pair of copper earrings en route
to Jack...'

MAE GWENNY'N EDRYCH YN Y DRYCH, MAE'N
GWISGO'R CLUSTDLYSAU.

GWENNY: Ti'n lico rein, Sid?

MAE SID YN AMNEIDIO.

SID: Gallet ti fod jest mor bert â Joyce, Gwenny.

GWENNY: Gallen i?

SID: Gallet.

GWENNY: Even without the copper earrings?

SID: They don't have to be copper, just big and round.

GWENNY: And then a black skirt, jumper.

SID: And black stockings. I could call you Joyce.

GWENNY: And then all you need is a pair of faded old jeans and like a lumberjack shirt and I could call you Jack.

SID: You could be my girlfriend.

GWENNY: And Boyo, you can be Allen Ginsberg or somebody.

BOYO: Mae'n olreit. Stica i at fod yn Boyo.

MAE GWENNY'N TYNNU WYNEB TU ÔL I'W GEFN.

SID: Fe introdiwsodd Jack i Joyce.

BOYO: O grêt, byn.

GWENNY: Stori garu o'dd hi, twel, Boyo.

BOYO: Faint ma'r crap 'yn yn mynd i bara?

GWENNY: Paid â bod fel'na.

BOYO: Wel blydi hel, byn, yr un hen grap bob dydd, Jack hwn, Joyce y nall, gatwch e fod, newch chi.

SID: Darllena'r llyfr, byddi di'n diall wedyn.

BOYO: Smo fi moyn darllen y llyfr, sdim diddordeb 'da fi, chi fel plant bach, byn, yn ware gêms.

GWENNY: Sdim byd yn bod ar hwnna, o's e?

BOYO: Wy ddim yn gweud, ond fi ffili godde'r 'oll siarad

American 'yn, stopwch 'i er mwyn dyn.

GWENNY: O, druan a Boyo, mae'n ca'l ei atel mas, Jack.

MAE'N LLYFNHAU EI WALLT.

BOYO: Gad fi fod, Gwenny.

SID: Stopa dimlo'n flin am d'unan, Boyo.

BOYO: Wy ddim yn, ond wy 'di ca'l llond bola o'r ffycin breuddwydo 'yn am America. Os chi ddim moyn bod 'ma, pam na newch chi ffycin hedfan o 'ma'r tsians cynta' gewch chi?

SID: 'Se digon o arian 'da fi, Boyo, na'n gwmws beth nelen i.

BOYO: Gore po gynta', a ti cynddrwg â fe, Gwenny, 'da'r 'oll lythyron.

GWENNY: Shwt ti'n gwpod am y llythyron?

BOYO: Wetodd Mam wrtho'i, a dangosodd hi'r address i fi 'ed.

GWENNY: So.

BOYO: Wel, ma' fe'n rong, ond yw e? Na'th 'i fe lan.

GWENNY: Shwt y't ti'n gwpod?

BOYO: Wel ma' fe, ond yw e? Sdim nymbyr na dim, a gath hi fe o ffilm cowbois – Dodge City, The West.

GWENNY: Sdim ots 'da fi, geiff e fe rywffordd.

BOYO: Paid â bod mor sofft, byn, ma' miliyne o Lewises yn America.

GWENNY: Sdim ots 'da fi beth weti di, smo fe'n mynd i stopo fi, a o lia bydd rwle 'da ni i fynd, pan fydd yr Open Cast yn mynd â'r tŷ.

BOYO: Eiff e ddim â'r tŷ.

SID: Wrth gwrs 'neiff e, mae'n dod yn agosach bob dydd, cyn hir byddan nhw'n cnoco ar y drws yn gweud, 'Oi, ni moyn eich tŷ chi.' A weti di, 'Chi ffili ca'l e, ma' fe'n bart o'r stryd' a byddan nhw'n troi rownd a gweud, 'Ni'n gwpod, ond ni sy bia'r stryd' a wedyn le byddi di?

GWENNY: Eiff pawb yn y diwedd, Boyo, sdim byd i ni fan 'yn, ma' pawb 'di anghofio ambothdi ni. Ma' raid ti feddwl mla'n, cadw'r opsiyns ar acor.

BOYO: Chi'n meddwl bod e'n rwydd, y'ch chi? Jest bygro off. Wel, wy ddim yn gwpod ambothdi chi ond fan 'yn fi fod, a fan 'yn fi'n aros, dim breuddwydion stiwpid i fi.

SID: Ti'n gwpod be' sy'n bo' 'no ti, ti 'di dodi dy ben yn y tywod, a wy'n gwpod be' sy'n digwydd i bobol fel'na.

BOYO: Wetodd Mam bo' raid i ni stico 'da'n gilydd, a mae'n iawn.

SID: Naco't ti'n gwpod? Ma' Mam off ei phen. Ma' raid ti newid a dilyn y craic. Ma' plans 'da fi. The only ones for me are the ones who burn, ti'n deall, Boyo?

BOYO: Fel planet ife, Gwenny?

MAE BOYO'N EDRYCH YN DDIRMYGUS. MAE'R GOLAU'N NEWID. MAE SID A GWENNY'N CYMRYD PILS AC YN YFED BOURBON WRTH I ALBWM 'NEW YORK' LOU REED CHWARAE.

SID: Girl met boy on a blind date arranged by Allen

Ginsberg, it was January 1957.

GWENNY: The girl was Joyce Johnson.

SID: The boy was Jack Kerouac.

GWENNY: Galli di fod yn Allen Ginsberg, Boyo.

DAW BOYO I MEWN.

BOYO: Be' chi'n ware?

GWENNY: Stori garu.

BOYO: Pwy ddiawl yw Allen Ginsberg?

SID: He's a poet.

GWENNY: He introduced two lovers.

BOYO: Dyma Jack, a dyma Joyce, shw' ma hwnna?

SID: Help yourself to the Jack Daniels, Joyce.

BOYO: Paid â gweu'tho'i, mae'n ware baseball.

SID: Rong – wisgi yw e.

BOYO: Wel, Jack, ffindest ti dy freuddwyd?

GWENNY: Nacyw hwnna'n gwestiwn teg, Boyo.

BOYO: Pam?

SID: No, I went half mad in 1967, and died in my mother's arms.

BOYO: Dim lot o freuddwyd ten, yw e?

GWENNY: Os nacy't ti'n ware'n iawn, sdim pwynt ware o gwbwl.

BOYO: Stwffwch ych blydi gêm, wy'n mynd i feddwi.

AIFF BOYO ALLAN.

SID: Care for a dance, Joyce?

GWENNY: Sure, Jack.

CLYWN 'LOVE ME TENDER' PRESLEY, AC MAE YNA RYWBETH RHYFEDD O RYWIOL AM Y DDAWNS. TRA BO HYN YN DIGWYDD MAE BOYO'N MEDDWI MEWN RHAN ARALL O'R LLWYFAN. DAW'R DDAWNS I BEN, AC MAE BOYO'N BAGLU I MEWN, YN FEDDW. MAE GWENNY'N PWYSO AR YSGWYDD SID, Y GERDDORIAETH YN ISEL YN Y CEFNDIR.

BOYO: Ma'r cariadon ar ddihun, a ma' pennill bach 'da fi iddyn nhw, Boyo y bardd, chi moyn clywed e? Unrhyw funed nawr, deiff dishgled mewn i ishte lawr, a gweld fi'n cynnu sigarét, ac wrth i'r mwg a'r stêm godi, yn hapus a'n slow fach, bydd e'n... meddwi.

MAE BOYO'N CEISIO YMUNO Â NHW, AC MAE'R AWYRGYLCH YN NEWID.

GWENNY: Cer off, Boyo, 'nei di, ti 'di sboilo fe nawr.

MAE GWENNY'N CERDDED I FFWRDD.

BOYO: Hei, le chi'n mynd, dewch nôl, smo fi 'di cwpla 'to, ni'n...

AIFF GWENNY ALLAN.

SID: Ishte lawr, cyn bo' ti'n cwmpo lawr, y slej.

BOYO: Goffod stico 'da'n gilydd, byn, oi, paid â mynd i'r gwely nawr, byn, wy 'di meddwi tym bach, 'na gyd.

SID: Diolch wys, diolch yn fawr.

BOYO: O'dd Cat a'r bois yn gofyn amdanot ti, Sid... os nagy'ch chi'n gallu dod... hic... â Mohamed at y mynydd, cerwch â'r mynydd ato fe... ne' rwbeth.

AIFF SID ALLAN.

Wy'n yfed coke, wy'n byta popcorn, wy'n gwishgo hate baseball, wotsho'r ffilms, ond 'na gyd wy moyn ffycin gwpod yw... pwy yw ffycin Jack Kerouac, a'r llyfre 'yn? Llyfr yw llyfr, Llyfr Mowr y Plant, wy'n cofio'r llyfr 'na... sefwch i ga'l drinc 'da'ch brawd... ma' cans 'da fi, ma' chips da fi. Cymrwch chip cymrwch bip – mae'n farddoniaeth, Allen Ginsberg, eat your heart out.

MAE'N CWYMPO.

Wy 'di drysu i gyd, wastod cymysgwch, annibendod, so long... trowch y gole mas, rhywun.

DÜWCH. CLYWN GERDDORIAETH ANSONIARUS. GOLAU'N CODI AR MAM, YN GWISGO HET GYMREIG A CHENHINEN BEDR. MAE BOYO'N BREUDDWYDIO.

MAM: Boyo! Sid? Gwenny?

TAWELWCH.

BOYO: O le da'th y gwynt 'na?

TAWELWCH.

Sid? Gwenny?

MAM: Nace Gwenny yw e, fi yw e.

BOYO: Mam, beth ddiawl y'ch chi'n neud 'ma?

MAM: Wy'n byw 'ma.

BOYO: Shwt dethoch chi mas o'r ysbyty?

MAM: Hwn yw'r ysbyty.

BOYO: Pam y'ch chi'n gwishgo'r hat 'na?

MAM: Dim ond hat yw e, o't ti meddwl gerdden i mewn man 'yn heb hat ne' beth?

BOYO: Bydd raid i fi fynd â chi nôl i'r ysbyty nawr.

MAM: Paid â siarad dwli, hwn yw'r ysbyty.

MAE BOYO'N EDRYCH ARNI.

BOYO: Blydi hel, mae'n rhewi mewn 'ma.

MAM: Ti 'di gatel i'r tân fynd mas, 'na pam.

BOYO: Nace'n fai i o'dd e, wy di bod mas trw'r nos. O'dd Gwenny 'ma, dyle'i fod wedi carco'r tân.

MAM: Ti'n lico dy gwrw, ond y't ti?

BOYO: Wy ddim yn mynd i ffrio 'da chi, Mam, af fi i ôl Gwenny.

MAM: Beth ti'n meddwl, ei di i ôl Gwenny?

BOYO: Mae lan lofft, yn cysgu.

MAM: Sdim lan lofft fan 'yn.

MAE BOYO'N EDRYCH ARNI.

Cer i weld.

MAE BOYO'N CODI'R GANNWYLL AC YN CERDDED O GWMPAS.

BOYO: Le ddiawl y'n ni, le ddiawl wdw'i?

MAM: Yn yr ysbyty, le ti'n meddwl?

BOYO: Gwmpes i gysgu yn y tŷ shw' fod, shwt ddiawl gyraeddes i fan 'yn a le ma' Gwenny... a Sid?

MAM: Wedi mynd.

BOYO: Beth chi'n meddwl, Mam, wedi mynd, pwy fynd?

MAM: Wedi mynd bant.

AIFF MAM ALLAN. MAE BOYO'N RHEDEG O GWMPAS YN GWEIDDI A SGRECHIAN, CACOFFONI O SYNAU ANSONIARUS AC OFFERYNNAU TARO. WEDYN DAW GWENNY I'R GOLWG YN EI CHOT NOS. GOLAU'N CODI.

GWENNY: Boyo, dina.

MAE GWENNY YN EI YSGWYD YN DYNER AC MAE'N AGOR EI LYGAID YN FLINEDIG. WRTH EI GWELD HI MAE'N NEIDIO'N ÔL.

BOYO: Gatwch fi fod, gatwch fi fod.

GWENNY: Ssshhh... Boyo, mae'n olreit, fi sy 'ma.

MAE BOYO'N SYLLU'N GALED ARNI AC YN EDRYCH O GWMPAS, WRTH DDOD ATO'I HUN YN ARAF.

GWENNY: Gest ti freuddwyd cas, ti 'di bo'n gweiddi a sgrechen. Dinest ti fi.

MAE'N DAL I RYTHU ARNI.

GWENNY: Mae'n olreit nawr.

BOYO: Faint o'r gloch yw hi?

GWENNY: Amser mynd i'r gwely, mae'n hwyr.

BOYO: Le ma' pawb 'di mynd? O'dd Mam 'ma a Sid.

GWENNY: Yn y gwely, le dylet ti fod.

MAE BOYO'N DAL EI BEN YN EI DDWYLO.

GWENNY: Ti 'di yfed gormod. Ti'n olreit nawr?

BOYO: Ma'n ben i fel bwced. (AMNEIDIO) Mae'n olreit nawr, cer i'r gwely.

MAE GWENNY'N EDRYCH ARNO.

GWENNY: Wela'i di fory.

BOYO: Gwenny.

GWENNY: Beth?

BOYO: Le ma' Sid?

GWENNY: Yn cysgu, le ti meddwl?

AIFF GWENNY ALLAN. MAE BOYO'N CYNNAU SIGARÉT AC YN MEDDWL. MAE'R GOLEUADAU'N NEWID. TU ALLAN I'R TŶ. MAE SID YN TORRI COED GYDA BWYELL. MAE BOYO'N TAFLU I FYNY YN Y GORNEL.

SID: Shw' ma' dy ben di?

BOYO: Diawledig a ma'n dafod i fel cwtsh cwningen.

SID: Faint o'r gloch est ti i'r gwely?

BOYO: Wy ddim yn gwpod – o'dd hi'n hwyr.

SID: Welest ti rywun o't ti'n nabod?

BOYO: Ambell un, o'n nhw'n cofio atot ti.

SAIB.

Le gysgest ti nithwr?

SID: Yn y gwely, le ti'n meddwl?

BOYO: O't ti ddim 'na bore 'ma.

SID: O'n i'n gwely Gwenny, 'na pam. O'dd 'i tym bach yn feddw nithwr 'ed. O'dd raid fi gario ddi lan, gwmpodd hi i gysgu lawr fan 'yn, a es â ddi lan i'r gwely, a gwmpes i gysgu.

BOYO: O'dd 'i weld yn olreit i fi, glywodd hi fi'n ca'l breuddwyd cas, da'th hi i weld o'n i'n olreit.

SID: Beth ti'n trial gweud?

BOYO: O'n i moyn gwpod.

SID: Ie, ond wy'n gweld beth sy ar dy feddwl di, a smo fi'n lico fe.

BOYO: Pan o'n i'n wotsho chi'n danso nithwr – wy ddim yn gwpod, o'dd e ddim yn timlo'n reit.

SID: Ffycin 'el, Boyo, ma' Gwenny'n wa'r i fi, byn.

BOYO: Weles i'r ffordd o't ti'n dishgwl arni ddi.

SID: Wotsha beth ti'n gweud, Boyo.

MAE SID YN CODI'I DDYRNAU.

BOYO: Paid, Sid, dim ond gofyn o'n i.

SID: Ma' ishe ti sorto d'unan mas, wys, gweud pethe fel'na.

BOYO: Yr 'oll stwff Jack a Joyce 'na o'dd e.

SID: Gêm o'dd hwnna, Boyo, o'n i'n ware gêm.

BOYO: O'dd e ddim yn dishgwl fel gêm i fi, 'na gyd fi'n gweud.

SID: Wel ti'n rong, blydi hel, ti'n siarad ambothdi brawd a wa'r.

BOYO: Hei, anghofia fe, Sid, wy'n flin, naco'n i'n meddwl e.

SID: Lwcus bo' ti ddim 'di gweu'tho Gwenny.

BOYO: Ie, ie, grynda, wy 'di gweud bo' fi'n flin, ni'n byw ar benne'n gilydd, ma' fe'n dechre gweud arno'i, 'na gyd.

SID: Anghofiwn ni fe, O.K?

BOYO: Ie, sorri.

MAE SID YN PARHAU I DORRI COED.

SID: Ti'n gwpod be' sy ishe arnot ti, Boyo, wajen, i fynd â dy feddwl di.

BOYO: Beth ambothdi ti ten?

SID: Nele fe les i fi 'ed, wy'n gwpod, ond smo'i'r siort i br'oti, twel, Boyo – ffycin minefield os ti'n gofyn i fi, ta beth 'ny, ti yw'r un sy'n aros 'ma. Fi off. Ond os br'oti di ar ôl fi fynd a ca'l Kevin bach ne' Helen fach, jest 'na'n siwr bo' nhw ddim yn tyfu lan i ddwcyd wye adar a twlu bangers at hen bobol. Wela'i di nôl yn y tŷ.

BOYO: Hei, wy'n meddwl mynd i weld Mam, ti'n dod?

SID: Nagw, wela'i di nôl yn y tŷ.

AIFF SID ALLAN. MAE'R GOLAU'N NEWID. MAE'N CODI AR MAM YN BWYTA CAWL. MAE'N GWISGO HET

GYMREIG A CHENHINEN BEDR. DAW BOYO I MEWN WEDI DRYSU AC YN ANNIBEN.

MAM: Pam ti'n dishgwl arno'i fel'na?

BOYO: Pam y'ch chi'n gwishgo'r dillad 'na?

MAM: Ti ddim yn gwpod ten?

BOYO: Gwpod beth?

MAM: Ti 'di anghofio.

BOYO: Anghofio beth?

MAM: Gwe'tho'i beth yw'r dyddiad.

BOYO: Nacw'i'n gwpod, diwedd Chwefror.

MAM: Rong, mae'n Fawrth y cynta', mae'n Ddydd Gŵyl Dewi a ti 'di anghofio.

BOYO: A 'na pam chi'n gwishgo'r dillad 'na.

MAM: Ma' rai o'n ni'n cofio

BOYO: Golles i trac o'r diwrnode, a ges i'r freuddwyd 'yn a o'ch chi'n gwishgo'r dillad 'na.

MAM: Nacw'i moyn clywed esgusodion.

SAIB.

Ti'n lico'n genhinen Bedr i?

BOYO: Y?

MAM: Daffodil, byn.

BOYO: Un plastic yw e.

MAM: O'dd dim rai reit i ga'l, a ma'r rai plastic yn

para byth.

MAE'N BWYTA'I CHAWL. MAE BOYO'N EI GWYLIO HI AC WEDYN YN CERDDED DRAW AC EDRYCH YN Y BASN.

BOYO: Cawl?

MAM: Mmmm... Cig o'n, fi 'di neud llond sosban. O's want bwyd arnot ti? Galli di ga'l peth os ti moyn. Mae'n dwym neis.

BOYO: Sdim byd yn y basin, Mam.

SAIB.

MAE MAM YN EDRYCH I MEWN I'R BASN. MAE'N DECHRAU CHWERTHIN.

MAM: Naco's e?

MAE'N CHWERTHIN MWY. YN SYDYN MAE'N TAFLU'R BASN I'R LLAWR.

MAM: Ti'n reit, mae'n wag.

SAIB.

MAM: Tymo beth, wy 'di bo'n aros trw'r dydd i glywed rhywun yn gweud 'na. Bob tro ma' nyrs ne' doctor yn dod miwn 'ma, wy'n jocan byta cawl, a tymo beth? Sdim un o nhw 'di gweu'tho'i bod y basin yn wag, dim un o nhw. Otyn nhw'n meddwl bo' fi ddim yn gwpod, y? Beth ti'n weud, Boyo? Smo ti'n meddwl bo' fi'n gwpod bod y basin yn wag, ond otyn nhw'n gweud rwpeth? Nagy'n. Achos nacy'n nhw moyn ypseto fi, achos bo' fi off 'y mhen, 'na pam. Gwe'tho'i, Boyo, pwy sy'n twyllo pwy fan 'yn? A weta'i rwpeth arall wrthot ti, sdim Mr

Eira i ga'l, a gweud y gwir, dyw Mr Eira erio'd wedi bod. Celw'dd yw'r cwbwl.

MAE HI'N EISTEDD YN FUDDUGOLIAETHUS YN Y GADAIR.

BOYO: Ers pryd y'ch chi 'di bo'n jocan?

MAM: Smo'i'n gwpod, ond dicon hir i enjoio fe – Mrs Lewis wallgo mewn tŷ sy'n llawn twpsod.

MAE'N CHWERTHIN YN WALLGO.

A rhai nosweithi wy'n udo fel ci tost, wy'n udo a wy'n cyfarth fan 'yn, a ma' nhw'n dod mewn da'u pils a'n gofyn i fi stopo cyfarth... fi, menyw'n oedran i, yn cyfarth?...I ba beth mae'r byd yn dod? Wetws dy wa'r di wrtho'i un diwrnod... bod 'i'n ofon y deinosors, a wetyn wetws 'i wrtho'i i bido gweu'tho ti, oty 'wnna'n neud sens?... smo ddi'n ofon y deinosors, mae'n ofon ei 'unan... smo ddi'n gwpod yw hi'n mynd ne'n dod, a ti ddim chwaith... ti, Boyo, ti... wetest ti wrtho'i d'unan.

SAIB.

MAE MAM WEDI MYND YN DAWEL.

BOYO: Mam?

MAM: Wy 'ma o 'yd.

BOYO: Ma' raid i chi ddod gytre.

TAWELWCH.

Chi'n clywed fi?

TAWELWCH.

Gwetwch rwpeth.

TAWELWCH.

Pych â stopo nawr, Mam, plis.

TAWELWCH.

MAM: Gwsberen yn mynd lan a lawr miwn lifft, a babi'n gweud bw wrth arth fach, a nace'n America ma' dy dad.

BOYO: Ma' raid i chi ryndo arno'i.

MAM: Nace'n America wetes i, a'th e ddim, a'th e 'rio'd, wy'n gweld o bell y dydd yn dod. Nawr cer cyn bo' fi'n dechre cyfarth, ma' visitors goffod mynd nawr, cer nôl i'r jail.

BOYO: Ma' raid i chi weud y gwir wrtho'i, Mam, plis.

MAM: Ma'r tŷ'n shigwdo, wy'n gwpod 'ny.

BOYO: Ma' pethe'n newid, 'na gyd. O'ch chi'n iawn, ma' raid chi drial gwella.

MAM: Daf fi byth o fan 'yn. Le ti 'di bod? Nacy't ti 'di clywed y newyddion, ma' pawb arall wedi.

BOYO: Pwy newyddion?

MAM: Ar yr Open Cast. Ma' un o'r deinosors weti ffindo corff.

BOYO: Pryd?

MAM: Bore 'ma, corff dyn.

BOYO: Pwy yw e?

MAM: Nacy'n nhw'n gwpod 'to, ond wy yn, a fyddan nhw ddim yn hir cyn ffindo mas.

BOYO: Pwy yw e, Mam?

DÜWCH. MAE'R GOLAU'N CODI AR Y MAES GLO BRIG.
MAE SID A GWENNY'N CERDDED TUAG AT Y LABRWR.

SID: Oi Clint, pwy yw e, ti'n gwpod?

LABRWR: Otw, fi ffindws e, o'n i'n meddwl taw'n ben i
o'dd e i ddechre.

GWENNY: Ond nace 'na beth o'dd e?

LABRWR: Nage.

SID: Pwy yw e 'te, rywun o rownd ffor 'yn?

LABRWR: Bachan o'r enw... Clem Lewis. Chi'n napod e?

SID: Beth...

LABRWR: Weti bod 'na ers pymtheg mlynedd, medden
nhw.

MAE GWENNY'N CHWERTHIN YN ORFFWYLL.

SID: Clem Lewis o'dd enw'r hen ddyn, ma' bown' o fod
dou o nhw, ma'r hen ddyn yn America.

LABRWR: Otyw e?... Pam ti'n werthin ten, wetes i
rwpeth doniol?

GWENNY: Ti'n gweud celw'dd, 'na gyd.

LABRWR: Smo fi'n gweud celw'dd, ei wraig e laddodd
e, medden nhw.

SID: Shwt ma' nhw'n gwpod taw fe yw e?

LABRWR: Wrth ei ddannedd e. Weten i ddim celw'dd.
Hei, nace'ch tad chi yw e ife?

MAE GWENNY'N RHEDEG ATO A'I FWRW. MAE'R LABRWR YN CHWERTHIN YN WALLGO. MAE'R GOLAU'N NEWID YN ÔL I'R YSBYTY. MAE BOYO'N EISTEDD A'I BEN YN EI DDWYLO. MAE MAM YN TYNNU EI HET.

> MAM: Dy dad, laddes i fe, ond naco't ti'n cretu fi – a'th e ddim i America. Cyn wired â bod dim cawl yn y basin. O'n i ffili ca'l y gwa'd off y wal, twel, gormod o las, dyle fe 'di bod yn goch, a 'se'r Open Cast heb ddod, bydden ni'n reit. Rybuddies i ti, wetes i wrtho ti i fod yn gryf, bo' raid i chi stico 'da'ch gilydd, ti'n meddwl bod y tŷ na'n shigwdo, wel ma' lot gwa'th i ddod, a weta'i un peth wrthot ti, os na 'nei di wmladd, ma' dy wreidde di'n mynd i hetfan mas o'r ddaear, a gewn nhw'u hwthu i uffern ar y gwynt.

TAWELWCH. MAE MAM YN EDRYCH ARNO.

> Wy ddim moyn gweld ti 'to, Boyo.

SAIB.

> Der â cusan i fi, Boyo.

MAE HI'N EI GUSANU A GADAEL. MAE GOLWG WEDI'I DRECHU AR BOYO. MAE'R GOLAU'N NEWID I'R TŶ. MAE SID A GWENNY'N CROPIAN O GWMPAS YN FEDDW I SAIN 'AMERICAN PRAYER' JIM MORRISON. DAW BOYO I MEWN AC MAE'N CERDDED O GWMPAS YN DDIBWRPAS. MAE'R GERDDORIAETH YN PYLU.

> SID: Da'th y polîs.

> BOYO: Pam?

> SID: Ffindon nhw'i gorff e, Boyo, lan ar y mynydd.

TAWELWCH. MAE GWENNY'N CYFOGI YN Y GORNEL.

Ma' nhw'n meddwl taw Mam laddodd e. Ond ma'r bachan rong 'da nhw, nace fe yw e, ife? Ma' fe yn America, ond yw e...

MAE SID YN HANNER CHWERTHIN, HANNER CRIO MEWN ANGHREDINIAETH. MAE'R GOLAU'N NEWID I STAFELL LLYS SWREAL, LLE MAE'R LABRWR YN CHWARAE RHAN YR ERLYNYDD.

MAM: Laddes i fe, 'na beth chi moyn clywed, ife? A 'na gyd alla'i weud yw, nes i fe i gatw ni gyd 'da'n gilydd, dan yr un to, o'dd e ddim moyn perthyn 'acor, chwel – 'sen i 'di'i ddilyn e Duw a ŵyr le bydden ni, ond weta'i un peth wrthoch chi, o leia ma'n blant i'n gwpod pwy y'n nhw.

DAW'R LABRWR I MEWN GYDA THORTS.

LABRWR: Pych â bod mor sofft, byn. Ife ti yw Gwenny Lewis?

GWENNY: Nage.

LABRWR: Ti'n gwpod pwy yw hi?

GWENNY: Nagw.

LABRWR: Le gest ti dy eni?

GWENNY: Upper West Side, New York City.

LABRWR: Ti'n gwpod le ma' dy dad?

SAIB.

GWENNY: Odw, Dodge City.

LABRWR: A dy fam?

GWENNY: Co 'i fynna. Smo ddi'n byw 'da ni nawr.

LABRWR: Ti'n cofio dy dad yn gatel?

GWENNY: Nagw, smo fi'n cofio, smo fi'n cofio, smo fi'n moyn cofio.

GOLAU AR SID.

LABRWR: Beth y't ti'n cofio, wys?

SID: Ti'n siarad 'da fi? Smo fi'n cofio, o'dd e sbel yn ôl, ond lladd yw lladd, 'na gyd s'da fi weud.

MAE'R LABRWR YN CHWERTHIN A GADAEL.

BOYO: Byrnodd e geffyl i fi amser Nadolig, ceffyl bach plastic, a o'n i'n ware 'da fe o fla'n y tân, o'dd lot o weiddi a wedon nhw wrtho'i i fynd lan lofft. Sefes i 'na am oeso'dd, ond wedyn es i lawr llawr. O'dd y tân wedi mynd mas, a o'dd neb 'na. Biges i'r ceffyl lan ond a'th yn fysedd i streit trwyddo fe, o'dd e weti toddi ar bwys y tân a o'dd ei dra'd e'n sownd yn y carpet, yr 'oll ffordd o Hong Kong i doddi ar y carpet yn tŷ ni. Wetyn da'th yn fam i miwn a wetodd hi bod yn tad ni weti mynd i America. 'Na gyd.

MAM: 'Nes i 'ngore, 'na gyd wy'n gwpod, falle bod e'n gelw'dd, ond ma'r gwir yn 'nafu. Os droian nhw mas i fod yn fflwcsach a finne'n fam i fflwcsach, o lia wy'n gwpod bo' fi'n caru nhw, chi'n clywed? O'n i'n caru nhw, 'na gyd s'da fi 'weud.

MAE MAM YN CERDDED YN ARAF I'R TYWYLLWCH.

DÜWCH. GOLAU'N CODI YN Y TŶ. MAE'N ANNI-BENDOD, YN LLAWN CANIAU A PHOTELI. MAE BOYO'N EISTEDD YN RHYTHU'N WAG AR SET DELEDU'N

LLAWN EIRA. MAE SID A GWENNY'N BWRW YMLAEN DAN EFFAITH COCTEL O ALCOHOL A CHYFFURIAU.

GWENNY: They found the wrong man on the mountain, didn't they, Jack? It must have been the wrong man because he didn't have a face.

SID: And there were worms in his head.

GWENNY: And snails in his heart. Couldn't have been Dad, Jack, it couldn't have been, they made it up to make us feel bad.

SID: It was the wrong man, baby, they found the wrong man.

GWENNY: Because you knew him, didn't you?

SID: Yeah, me and him had some crazy times.

GWENNY: Clem Lewis from Dodge City.

SID: Yeah, Clem from Dodge. Stayed with him when we were 'On the Road', came looking for the dream with us, used to talk about his Joycey all the time. He said, 'I know a girl on the other side of heaven, you've got to meet her, Jack,' that's what he used to say. He said, 'You'll love her, she'll take you to dreamworld.'

MAE GWENNY'N GIGLO.

GWENNY: Was he a good man, Jack?

SID: The best, the best.

GWENNY: Then he can't be dead, can he?

SID: Clem Lewis will never die, Joyce, never, ever.

GWENNY: So we can be happy in the house of America,

Jack.

SID: Yeah... everything's fine, as we roll along this way. I am positive beyond doubt that everything will be taken care of. The thing will go along itself, and we won't go off the road, and I can sleep.

GWENNY: It's beautiful, Jack... kiss me.

MAEN NHW'N CUSANU.

In the heart of America with my baby Jack.

BOYO: Gad hi fod, Sid.

SID: C'mon, man, I can't tell if you're dead or alive. You've got to open your eyes, brother, you've got to let things swing. Nothing stays the same forever, get on the world's car and never get off, hitch a ride to the other side of the sun, c'mon, can't you smell the space of Iowa on the mountains, see Manhattan on TV and on our streets, play pool with a man who's seen the Chicago Bears? The world gets bigger as it gets smaller, the summer's come, brother.

GWENNY: Put this hat on.

MAE GWENNY'N RHOI HET BÊL-FAS I BOYO.

BOYO: Gad fi fod, nacy't ti'n gallu gweld bo' fi'n fishi?

GWENNY: That's not the way it's supposed to be, you've got it on back to front.

BOYO: Beth yw e?

GWENNY: It's a baseball hat.

BOYO: Chi ddim yn ware baseball, y'ch chi?

SID: You don't have to play baseball to wear the hat, man.

BOYO: Tyn e bant, smo fe'n ffito fi.

GWENNY: But it suits you, it suits you.

BOYO: Smo fe'n ffito fi.

GWENNY: You can adjust it, it'll fit anybody's head, see?

BOYO: Co ti, fi'n fishi.

GWENNY: Don't be a spoilsport. Look, there's a mirror, have a look in the mirror.

BOYO: Cymra fe, ne' dwla'i fe.

GWENNY: You could wear it anywhere.

MAE BOYO'N EI SGRWNSIO, EI THAFLU I'R LLAWR A PHOERI. 'DO YOU KNOW THE WAY TO SAN JOSE?' YN CYNYDDU'N RADDOL. EI CHWARAE'N ISEL. MAE BOYO'N GADAEL.

GWENNY: There wasn't any need to do that. He spat on the floor too.

SID: If he doesn't want to play, we can't help him. Just think, when the sun goes down and I sit watching the long long skies over New Jersey, and sense all that raw land that rolls in one huge bulge over the West Coast.

GWENNY: And I'm sitting at the table in the exact centre of the universe, with some bourbon and my Jack talking about living and dying and freedom. Make me happy, Jack.

CHWERTHIN.

SID: Are you wearing black stockings, Joyce?

MAE'N AMNEIDIO.

I like black stockings on virgins, Joyce.

GWENNY: Make me happy, Jack.

SID: When will I get to feel them, baby?

GWENNY: When you tell me 'I love you'.

SID: I love you, I want to feel your skin like ripe earth.

GWENNY: Will you marry me, Jack?

SID: Yeah, when will it be?

GWENNY: Now, now. There's no time like now.

SID: I could eat you, Joycey.

GWENNY: Then eat me, lover.

SID: All good things take time.

GWENNY: Are you really Jack Kerouac?

SID: Look in my face, can you see the truth in my face?

MAE GWENNY'N EDRYCH AC YN AMNEIDIO.

Feel.

GWENNY: I love you, Jack.

MAEN NHW'N CUSANU. DAW BOYO I MEWN A'U GWYLIO.

BOYO: Gad hi fod, Sid.

GWENNY: Who's that?

SID: Nothing, nobody.

GWENNY: Come and make us a baby, Jack, a sweet pea dream baby that runs in the Florida sun in winter, sleeps all night and smiles all day: a baby to be proud of, a baby to sing and dance and fly in the air. Come and roll over me and write poems on my belly. How many b's in baby? I love you, I love you.

MAE SID A GWENNY'N MATRYD AC YN CARU O FLAEN TÂN FFLAMGOCH WRTH I GERDDORIAETH CHWARAE. MAE BOYO'N GWYLIO AM YCHYDIG AC YNA'N GADAEL. MAE'N DYCHWELYD GYDA PHASTWN. YN SYDYN MAE'N YMOSOD.

BOYO: Gad hi fod, y bastad.

MAE BRWYDR FFYRNIG YN DILYN, AC MAE'R CELFI A'R PROPIAU'N CAEL EU HANNIBENNU'N LLWYR. MAE'N DIWEDDU WRTH I GWENNY DORRI POTEL AR BEN BOYO. MAE SID A GWENNY'N GADAEL. DÜWCH. TAWELWCH. GOLAU'N CODI AR BOYO'N ARAF, YN EISTEDD MEWN PWLL O OLAU, YN SMYGU.

BOYO: There is... a house... in New Orleans... they call... the rising sun... Jack Kerouac... Joyce Johnson... Allen Ginsberg... No Allen.

GOLAU'N CODI YN Y TŶ. MAE GWENNY'N EISTEDD AR EI PHEN EI HUN.

BOYO: Gwenny?

GWENNY: You talking to me?

BOYO: Fi yw e, Gwenny, Boyo.

GWENNY: I don't know you.

BOYO: Ti'n olreit?

GWENNY: I've got morning sickness.

BOYO: Ma' raid i ni fynd, Gwenny.

GWENNY: Stop calling me that.

BOYO: Dere 'da fi, ma' raid i ni fynd, dere ma'n.

GWENNY: I know you, you're the spoilsport.

BOYO: Dere ma'n, ma' ishe awyr iach arnot ti, der am wac fach 'da fi.

GWENNY: I don't walk with strangers.

BOYO: Rho dy law i fi.

GWENNY: Don't touch me.

SAIB.

You want to take my baby from me, don't you?

BOYO: Babi?

GWENNY: We're going to have a baby, me and Jack.

BOYO: Dy frawd di yw e.

GWENNY: Don't try and fool me whoever you are. If you want to leave the house, you go, but we're staying here.

BOYO: Smo fi'n cretu ti.

GWENNY: We're thinking of calling the baby Dodge, what do you think?

BOYO: Fi ddim, Gwenny, fi ddim.

MAE BOYO'N GADAEL. WRTH I SID DDOD I MEWN

CLYWN 'BECAUSE THE NIGHT' PATTI SMITH YN
CYNYDDU'N RADDOL. MAE'N EDRYCH AR GWENNY.
MAE YNA SAIB HIR.

GWENNY: I'm going to have a baby, Jack.

SID: Oh yeah? Big or small, or medium, how would you like it done, madam?

GWENNY: It's true, Jack, a love baby... I can feel it... a love baby.

SID: Any chance of coffee?

GWENNY: I'm not lying, you know I've been sick, it's morning sickness, happens when you're pregnant.

MAE SID YN CHWERTHIN.

What are you laughing at?

SID: You, huh, it's a joke, innit?

GWENNY: No, Jack, it's true.

SID: You're drunk, you need a bath.

GWENNY: No, I want to talk to you, about the baby.

SID: You're not having one.

GWENNY: I am, I am, why don't you believe me, I love you, Jack, I wouldn't lie to you.

MAE SID YN EDRYCH ARNI, AC YN GRADDOL
SYLWEDDOLI BETH MAE'N EI DDWEUD.

SID: Hei, dere ma'n, Gwenny, paid â ware.

GWENNY: Jack?

SID: Ti'n sylweddoli beth ti'n gweud? Y't ti?

GWENNY: Give me a hug, Jack, you're supposed to kiss me and tell me I'm the best woman in the world. Tell me you're happy. Please tell me you're happy.

SID: O ffycin 'el... gad fi fod.

MAE GWENNY'N CEISIO EI GOFLEIDIO OND MAE'N EI GWTHIO I FFWRDD.

GWENNY: Jack, I love you, we've made a baby, say you're happy.

SID: Ti ddim yn ca'l babi.

TAWELWCH.

GWENNY: Do you want a drink?

MAE HI'N RHOI POTEL IDDO OND MAE'N EI THAFLU.

Do you want to go to bed to play then? Why don't you smile?

SID: Achos ti'n wa'r i fi, ti'n diall?

GWENNY: No, I'm not.

SID: Ti yn, ti yn, ni ddim yn ware'r gêm 'na nawr, Gwenny.

GWENNY: Gwenny? Who's Gwenny?

SID: Grynda.

SAIB.

Ti'n cofio'r llyfre, ddarllenes i a ddarllenest ti, ambothdi Jack Kerouac a Joyce Johnson?

GWENNY: A love story.

SID: Ie, stori garu. O'n ni'n lico fe, ti'n cofio, a o'dd pethe'n mynd yn rong, ti'n cofio, ges i ddim gwaith yn yr Open Cast, a o'dd Mam yn dost?

GWENNY: The dinosaurs, we ran away from them.

SID: Do, a byth ers pan o'n ni'n fach, o'dd Mam wedi gweud bod Dad yn America, a o't ti'n hala llythyron ato fe, a o'n ni'n meddwl bydde fe'n gofyn i ni fynd i'w weld e?

GWENNY: No.

SID: Gweda bo' ti, ti yn. Wetes i taw fi o'dd Jack, a ti o'dd Joyce.

GWENNY: I know you're Jack and I'm Joyce.

SID: Na, gêm o'dd e, gêm, ti'n clywed? Gêm o'dd e, o'n i'n ypsét, greton ni fe am sbel ond o'n ni'n gwpod taw dim ond gêm o'dd e, ond o'n ni?

GWENNY: No Jack. I'm not playing – game, what game?

MAE SID YN COLLI AMYNEDD.

SID: Dy enw di yw Gwen, Gwenny Lewis.

TAWELWCH.

A fi yw dy frawd di, Sid Lewis, a smo dy frawd arall di 'ma ond ni'n galw fe'n Boyo, ond y'n ni?

MAE GWENNY'N SIGLO'I PHEN AC YN EDRYCH ARNO.

GWENNY: Your name is Jack Kerouac, and you'll be with me forever. Why are you trying to confuse me?

SID: Beth am siarad am y babi. Otyw e'n wir bo' ti'n

mynd i ga'l babi?

GWENNY: Of course I'm having a baby, it's true, I wouldn't lie, I love you.

SID: O Iesu Grist.

GWENNY: You don't love me, do you?

SID: Fi'n caru ti, Gwenny, ond ti yw'n wa'r i, nagy't ti'n diall?

GWENNY: Stop playing this game with me, I don't like it, you're being odd, I don't like it.

MAE SID YN RHOI EI FREICHIAU O'I HAMGYLCH.

SID: Celw'dd yw e, Gwenny, breuddwyd, it's ffycin dreamland.

GWENNY: There's nothing wrong with that, I knew you'd take me there.

SID: Beth galla'i neud, beth galla'i neud?

GWENNY: Just say you love me, Jack.

SID: Paid â galw fi'n Jack, nage Jack wdw'i, wy 'rio'd 'di bod yn Jack a nage Jack wdw'i nawr.

GWENNY: But I'm going to have your baby.

SID: Ti'n byw mewn ffycin breuddwyd, nagy't ti'n gallu gweld 'ny?

GWENNY: Don't be ugly.

SID: Fi'n bod yn ugly achos bod e yn ffycin ugly.

GWENNY: Don't swear.

SID: Ma' raid i ni ga'l ei wared e, ma' raid i ti weld y doctor.

GWENNY: No, no doctors.

SID: Bydd e'n gallu helpu ni.

GWENNY: No doctors, they'll kill my baby.

SID: 'Na'r unig ffordd.

GWENNY: No, get away from me, what's happened to you, Jack?

SID: Ma' fe'n rong, Gwenny, wy...

MAE'N CYDIO YNDDI.

GWENNY: Get off me, you're hurting the baby.

SID: Ma' raid i ni ga'l ei wared e, Gwenny.

MAE GWENNY'N EI FWRW'N GALED AR DRAWS EI WYNEB. MAE SID YN EI GWTHIO HI I FFWRDD.

SID: Nace'n fai i yw e gyd, ma' bai arnot ti 'fyd, ond ni'n ffycd nawr, ti'n clywed, ni'n ffycd.

GWENNY: You're a fraud.

SID: Breuddwyd yw e gyd, le ma'r... le ma' Boyo, ma' raid i fi ffindo Boyo. Paid â gadel y tŷ, ti'n clywed, sbo fi'n dod nôl. Eiff e i ôl doctor, helpiff Boyo fi, ma' fe'n frawd i fi, dim babis, no way.

MAE GWENNY'N LLAWN DIRMYG WRTH I DDRYM-IAU A SYMBALAU CHWARAE.

GWENNY: You're a fucking fraud.

MAE'R GOLAU'N NEWID. SAIF BOYO AR EI BEN EI HUN YNG NGHANOL ADFEILION. DAW SID I MEWN Y TU ÔL IDDO. YN YSTOD YR OLYGFA PRIN Y GALL SID EDRYCH AR EI FRAWD.

SID: Boyo

MAE BOYO'N TROI I EDRYCH ARNO.

BOYO: Sid. (YN FFLAT)

SID: Ie, fi sy 'ma.

SAIB.

BOYO: Shw' ma' Gwenny?

SID: Mae yn y tŷ.

BOYO: Wetodd hi bod hi'n dishgwl, Sid.

SID: Mae'n gweud celw'dd.

BOYO: Wetodd hi taw d'un di o'dd e.

SID: Mae'n gweud celw'dd wetes i.

BOYO: Smo ti 'di twtsha'i, y't ti?

SID: Nagw, mae yn y tŷ.

BOYO: Shgwla arno'i'r bastad.

MAE BOYO'N CYDIO YNDDO.

SID: Ma' fe drosto.

SAIB. MAE BOYO'N EI RYDDHAU.

Ma' raid ti helpu fi, Boyo, ma' raid ti helpu fi. Ma' Gwenny'n gweud bod hi'n dishgwl, mae'n gweud taw'n un i yw e. Beth galla'i ffycin neud, ma' raid ti helpu fi, Boyo?

BOYO: Gad fi fod, gad fi fod, mae'n rhy hwyr nawr, Sid, mae'n rhy hwyr, mae'n ffycd, mae e i gyd yn ffycd.

SID: Ti ddim yn gryndo arno'i, mae'n gweud bod hi'n dishgwl, ma' raid iddi weld doctor, ond mae'n pallu. O'n i meddwl taw gêm o'dd e, Boyo, gêm, ond naco'n i'n gwpod. Ma' Gwenny'n ffili gweld e, mae'n meddwl taw Joyce yw hi.

BOYO: Ti'n trial gweutho'i taw gêm o'dd e, taw gêm o'dd yr 'oll bethe dwl sy 'di bo'n digwydd dros y misho'dd dwetha, ti'n meddwl bo' fi'n ffycin dwp ne' beth?

SID: Wy'n gweud y gwir, y sioc o'dd e, yr hen ddyn a wedyn Mam. A o'n i'n feddw trw'r amser, o'n i ddim yn gwpod beth o'n i'n neud.

MAE BOYO'N CYDIO YNDDO.

BOYO: Weda'i 'tho ti beth o't ti'n neud, cysgu 'da dy wa'r, ti'n diall? Wedest ti gelw'dd ar ôl celw'dd wrtho'i'r bastad, a nawr ti'n troi rownd a gweu'tho fi bo' ti ddim yn gwpod beth o'dd yn dicw'dd? Yr holl freuddwydo a'r ffycin stwff 'na am America a ti'n gweud taw ware o't ti? Gad fi fod.

SID: Mae'n wir, o'n i ddim yn gwpod pwy o'n i. O'n i yn meddwl taw fi o'dd Jack am sbel, o'dd e'n timlo'n dda. Sdim byd ar ôl 'da fi, 'na pam. Wy ar y sgrap, wy jest â bod yn dri deg, Boyo, a'r unig jobyn wy 'di ca'l erio'd yw ffycin torri beddi. Fi'n ffycd.

SAIB.

O'dd Jack yn gwpod yr atebion i gyd, o'n ni'n diall yn gilydd... ond o'n i ddim yn meddwl bydde 'i'n troi mas fel 'yn, a smo fi'n gwpod otyw hi'n dishgwl, mae pallu gweld doctor, Boyo, a mae'n lladd ei hunan – pils. Ma' raid ti helpu fi, smo ddi'n gwpod taw gêm o'dd e.

BOYO: Smo ti'n gallu gweld beth ti 'di neud i ni'r bastad?

MAE'N EI WTHIO I FFWRDD.

SID: Ware ambothdi o'n ni, Boyo, 'na gyd, smo fi'n...

BOYO: 'Na gyd? Smo ddi'n gwpod pwy yw hi, smo ddi'n gwpod pwy y't ti.

SID: Y ffordd o'dd hi'n gwishgo o'dd e, y suspenders, o'dd hi'n hala fi'n benwan, hi o'dd Joyce, ond nes i ddim byd, Boyo, nethon ni ddim byd, o'n i'n yfed trw'r amser. Fi 'di trial gweu'tho'i taw Sid wdw'i ond mae pallu credu fi... mae'n meddwl bod hi yn America ne' rwle, a mae'n credu fe, Boyo. Pam smo ddi'n stopo a gweud taw Gwenny yw hi, pam Boyo, pam? Helpa fi, Boyo, fi'n frawd i ti.

BOYO: Nag wyt, dim racor.

MAE BOYO'N CICIO SID YN EI AFL, A'I DDYRNU. PRIN BOD SID YN CODI EI LAW I'W ATAL. I GERDDORIAETH 'PERFECT DAY' LOU REED MAE BOYO'N TAGU EI FRAWD. MAE SID YN MARW. MAE BOYO'N EI LUSGO I FFWRDD DAN GRIO. Y GOLAU'N CODI AR GWENNY, YN CERDDED O GWMPAS Y STAFELL YN SIMSAN GYDA PHOTEL O BILS YN EI DWYLO O HYD.

GWENNY: And he said in Iowa I know by now the children must be crying in the land where they let the children cry, and tonight the stars will be out... and God is Pooh Bear.

MAE'N CHWERTHIN AC YNA'N STOPIO'N SYDYN.

Why did he say the children cry?

SAIB.

Jack was a fraud, but I'll have the baby that will laugh and laugh forever.

SAIB.

No, I won't, he's gone to get a doctor, he wants to kill the baby, I won't let him come too far now, oops.

SAIB.

He's left me on my own.

TAWELWCH.

I used to cry when I was younger.

MAE GWENNY'N CYMRYD LLWYTH O BILS.

The truth of it is he said he was a poet.

TAWELWCH.

I was born in a crowd, now I'll die on my own.

MAE'N CWYMPO.

Take the chains off your feet, brother... kiss me... kiss me. Got to get out of here fast, baby, I've got the Benzedrine, nice sweets. Too many sweets, I'm sick. (MAE'N CHWYDU) Le ma' Dad a Mam, neud fi'n well... Wedi mynd, hebddo'i, wastod yn reteg bant... dim cartre, no... I'm all right, Jack.

MAE'N YFED ETO A CHYMRYD MWY O BILS AC YN

CHWYDU.

We can go out in the moonlight when the dinosaurs are sleeping. They've eaten the dragon, and found my father... wedi ffindo Dadi... tin men... clankety clank... bwm bydi bwm... bydi hiccup clanc... the wind will make them feel better.

TAWELWCH.

MAE'N CEISIO CODI.

O... ma'n dra'd i fel plwm, shgwlwch... pinne bach... Fydd e ddim yn hir nawr... fi ffili codi... a 'ma'n tsians i tra bo'r byd yn cysgu, ond ma'n goese'i pallu cered, pallu reteg, shgwlwch arnyn nhw, milo'dd a milo'dd o filltiroedd lawr yn go's i... the plains of Iowa, the girl from the prairie got a ladder in her stocking, stairway to Heaven, my belly will grow like a new mountain, it will have climbers on it, I'm conquered forever... all creepy with hard hands and fingers... get him off me... gadwch fi fod... tynnwch e off fi... TYNNWCH E OFF FI...

TAWELWCH.

All quiet in a forgotten town... miwsic fi moyn... bydd raid i fi fynd i orwedd ar y gwely... but Jack will be there and he'll want to breed with me.

DAW BOYO I MEWN YN Y TYWYLLWCH.

BOYO: Gwenny?

GWENNY: Here he comes, the breeder, who doesn't want to know. I'm keeping my baby, go away, if you've come to kill it.

BOYO: Gwenny?

GWENNY: Wy ffili timlo'n friche'i. Plis mister, can you tell me...why I can't...move? You want my breast, Jack, suck if you like but save some for the baby...

BOYO: Helpa fi, Gwenny.

GWENNY: Mae'n... mae'n... bwrw glaw.

SAIB.

I... think I'm going to... wedi colli'r... ffordd... you know... Sssleep...

BOYO: Gwenny!

MAE BOYO'N EI DAL HI'N DYNN. MAE'R GOLEUADAU'N PYLU'N ARAF HYD AT DDÜWCH.

Y DIWEDD

'Coal the dole and heaps of Soul. *House of America* is an honest triumph.'

NME

'Terrific... achingly well acted for those who like their meat raw.'

Daily Telegraph

'This is a universal soul-mate for anyone who has experienced the angst of an untrendy upbringing in a drab place. Mesmerising.'

Buzz

'Nothing prepared us for the explosion of angst, guilt and cultural concern of *House of America* ... it's thrilling stuff.'

The Guardian

Cath Tregenna, Russ Gomer a Sharon Morgan. Sesiwn lluniau Bae
Caerdydd 1988

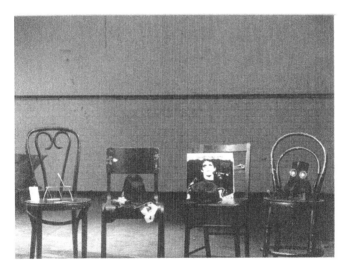

Y teulu a chadeiriau eraill 1989, Boyo (Richard Lynch) Mam
(Sharon Morgan) Labrwr (Wyndham Price) Gwenny (Cath
Tregenna) Sid (Russ Gomer)

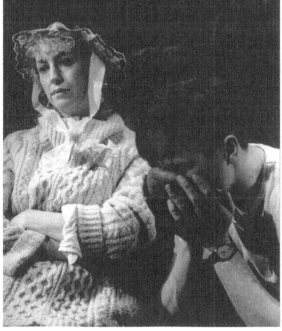

"Nace'n America wetes i, a'th e ddim, a'th e 'rio'd, wy'n gweld o bell y dydd yn dod"

"Paid â cretu popeth ti'n gweld"

1989

Ystafell ymarfer Chapter 1989

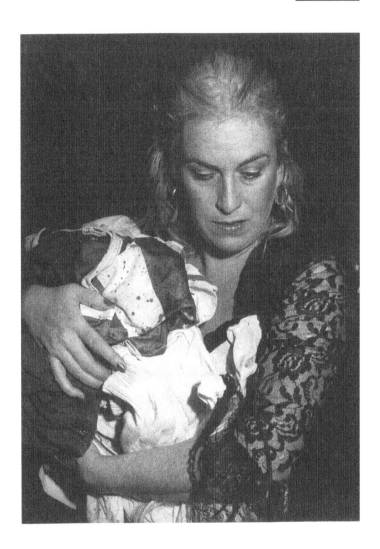

"We can go out in the moonlight when the dinosaurs are sleeping"

1992

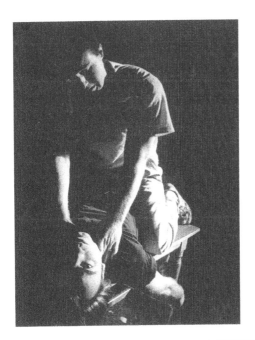

Lisa Palfrey (Gwenny) Russ Gomer (Sid) Rhodri Hugh (Boyo) taith Prydain 1992

1997

Y teulu ar yr hewl 1997. (Boyo) Richard Harrington (Sid) Jâms Thomas (Gwenny) Shelley Rees (Mam) Helen Griffin. Taith Prydain ac Awstralia.

1997

1997

"Meddylwch am fynd 'On the Road' yn y car 'na s'da Boyo –
gelech chi waith cyrra'dd Abertawe!"

"O'dd e'n lico breuddwydo, lico pethe shinog."

Taflen a phoster gwreiddiol – printiwyd gyda chymorth Johnny Greco mewn seler yn New Cavendish St Llundain 1988.

Sesiwn lluniau Aber-craf 1992 gyda Russ Gomer.

PARTHIAN

Dramâu

ISBN-13	Price (GBP)	Title	Author name
9781905762811	9.99	*Black Beach*	Coca, Jordi; Casas, Joan; Cunillé, Lluïsa, Teare, Jeff (ed.)
9781905762859	7.99	*Blink*	Rowlands, Ian
9781902638966	7.99	*Butterfly*	Rowlands, Ian
9781902638539	6.99	*Football*	Davies, Lewis
9781905762590	9.99	*Fuse*	Jones, Patrick
9781902638775	7.99	*Hijinx Theatre*	Cullen, Greg; Morgan, Sharon; Davies, Lewis; Hill, Val (ed.)
9781906998547	8.99	*House of America*	Thomas, Ed
9780952155867	6.99	*Merthyr Trilogy, The*	Osborne, Alan
9781902638416	7.99	*More Lives than One*	Jenkins, Mark
9781902638799	7.99	*Mother Tongue*	Williams, Roger
9780952155874	6.99	*New Welsh Drama 1*	Malik, Afshan; Williams, Roger; Davies, Lewis, Teare, Jeff (ed.)
9781902638133	5.99	*New Welsh Drama 2*	Evans, Siân; Smith, Othniel; Williams, Roger; Teare, Jeff (ed.)
9781902638355	7.99	*New Welsh Drama 3*	Ross, Lesley; Davies, Lewis; Morgan, Chris (ed.)
9781902638485	9.99	*Now You're Talking*	Davies, Hazel Walford (ed.)
9781908069962	8.99	*Protagonists, The*	Chamberlain, Brenda; Davies, Damian Walford (ed.)
9781902638638	7.99	*Seeing Without Light*	Turley, Simon
9781902638249	9.99	*Selected Work '95-'98*	Thomas, Ed
9781906998363	7.99	*State of Nature*	Turley, Simon
9781902638669	7.99	*Still Life*	Way, Charles
9781906998585	9.99	*Strange Case of Dr Jekyll and Mr Hyde as Told to Carl Jung by an Inmate of Broadmoor Asylum, The*	Mark, Ryan
9781909844681	8.99	*Tonypandemonium*	Trezise, Rachel
9781902638478	7.99	*Transitions: New Welsh Drama IV*	Morgan, Chris (ed.)
9781902638010	6.99	*Trilogy of Appropriation, A*	Rowlands, Ian